일제침탈사
바로알기 25

부평
조선 병참의 별이 되다

● 허광무 지음

동북아역사재단
NORTHEAST ASIAN HISTORY FOUNDATION

발간사

　일본이 한국을 침탈한 지 100년이 지나고 한국이 일본의 지배로부터 벗어난 지 70년이 넘었건만, 식민 지배에 대한 청산은 이루어지지 못하고 있습니다. 일본의 독도영유권 주장은 도를 넘어섰습니다. 일본은 일본군'위안부', 강제동원 등 인적 수탈의 강제성도 인정하지 않고 있습니다. 일본군'위안부'와 강제동원의 피해를 해결하는 방안을 놓고 한·일 간의 갈등은 최고조에 이르고 있습니다. 역사문제를 벗어나 무역분쟁, 안보위기 등 현실문제가 위기국면을 맞고 있습니다.

　한·일 간의 갈등은 식민 지배의 역사를 어떻게 볼 것인가 하는 역사인식에서 기인합니다. 역사는 현재와 과거의 대화이며 이를 기반으로 미래로 나아갈 수 있습니다. 과거 침략의 역사를 미화하면서 평화로운 미래를 말하는 것은 불가능합니다. 식민 지배와 전쟁발발의 책임을 인정하지 않고 반성하지 않으면 다시 군국주의가 부활할 수 있고 전쟁이 일어날 위험성도 배제할 수 없습니다. 미래지향적 한일관계를 형성하고 나아가 동아시아의 평화와 번영의 기틀을 조성하기 위해 일본은 식민 지배의 책임을 인정하고 그 청산을 위해 노력해야 할 것입니다.

　식민 지배의 역사를 청산하기 위해서는 식민 지배는 어떻게 이루어졌는지 그 실상을 명확하게 규명하는 일이 긴요합니다. 그동안 일본제국주의에 맞서 조국의 독립을 위해 헌신한 독립운동가들의 활동을 찾아내고 역사적으로 평가하는 일에는 상당한 성과를 거두었습니다. 반면 일제 식민침탈의 구체적인 실상을 규명하는 일에는 충분한 노력을 기울이지 못했습니다. 제국주의가 식민지를 침탈했다는 것은 너무나 당연한 사실로 여겨졌기 때문에, 굳이 식민 지배에서 비롯된 수탈과 억압, 인권유린을 낱낱이 확인할 필요가 없었는지도 모릅니다. 그러는 사이 일본은 식민 지배가 오히려 한국에 은혜를 베푼 것이라고 미화하고, 참혹한 인권유린을 부인하는 역사부정의 인식을 보이는 데까지 이르고 있습니다. 일제의 통치와 침탈, 그리고 그 피해를 종합적으로 조사하고 편찬할 필요성이 여기에 있습니다.

　일제침탈사를 체계적으로 정리하는 일은 개인이 감당하기 어렵습니다. 이에 우리 재단은 한국학계의 힘을 모아 일제침탈사 편찬위원회를 꾸렸습니다. 편찬위원회가 중심이 되어 일제의 식민지 침탈사를 정치·경제·사회·문화 모든 방면에 걸쳐 체계적으로 집대성하기로 했습니다. 일제 식민침탈의 실체를 파악하기 위해 2020년부터 세 가지 방면으로 사업을 추진하고 있습니다. 하나는 일제침탈의 실상을 구체적이고 생생한 자료를 통해서 제공하는 일로서 〈일제침탈사 자료총서〉로 편찬합니다. 다른 하나는 이들 자료들을 바탕으로 연구한 결과물을 〈일제침탈사 연구총서〉로 간행합니다. 그리고 연구의 결과를 대중들이 이해하기 쉽게 〈일제침탈사 교양총서〉를 '바로알기' 시리즈로 간행합니다. '바로알기' 시리즈는 우리 중학교, 고등학교 학생들도 어렵지 않게 읽을 수 있도록 제작했습니다. 오랫동안 학계에서 공부해 온 전문가 선생님들이 일제 침탈과 관련된 다양한 주제를 집필 해 주셨습니다. 이해하기 쉽도록 해당 주제를 사안별로 나눠 집필해서 가독성을 높였고, 사진과 도표도 충분히 곁들였습니다. '바로알기' 시리즈를 통해 많은 시민과 학생들이 제국주의 일본의 한반도 침탈과 그로인한 피해 실상을 바로 알 수 있게 되기를 바랍니다.

2023년
동북아역사재단 이사장

차례

발간사 • 2

프롤로그 • 7

I. 부평평야의 대변신

1. APO 901, 샌프란시스코 • 10
2. 조병창, 무기를 만드는 공장 • 18
3. 육군조병창의 기구와 인천육군조병창 • 22
4. 왜 인천에 조병창을 신설했나 • 29
5. 고쿠라육군조병창이 만든 인천육군조병창 • 37
6. 군수기업, 속속 부평으로 • 41
7. 삼릉마을과 미쓰비시 줄사택 • 45
8. 주택난과 노무자 주택 • 48
9. 최대 난관은 인력 동원: 모집, 관알선, 징용 • 53
10. '일시동인', '내선융화'에 숨겨진 민족 차별 • 62

II. 리틀 도쿄조병창

1. 제2의 도쿄조병창 • 68
2. 함봉산의 지하공장 • 78
3. '결 7호' 작전을 사수하라 • 91
4. 조선인 착취의 끈질긴 악연, 다마모구미 • 99
5. 조병창 병원을 아시나요? • 110
6. 쇠붙이 공출의 종착지 • 120

Ⅲ. 인천 부평, 그 후

   1. 과이불개, 그리고 피해자로 둔갑한 가해자 • 130

   2. 인천육군조병창은 어디에도 없는 유일무이한 전쟁 유적 • 138

   3. 사필귀정, 올바른 근대사 정립과 세계평화의 교육현장 • 141

참고문헌 • 143

찾아보기 • 145

프롤로그

광복 직후의 인천육군조병창 전경(1948)

출처: Norb Faye

여기 한 장의 사진이 있다. 미군 병사가 1948년에 촬영한 사진이다. 이 사진에 인천 부평의 모든 것이 담겨 있다 해도 과언이 아니다. 그걸

한 장에 담았으니 실로 절묘한 한 컷이다. 이 책은 사진 속 부평에 관한 이야기다.

물론 2023년 현재 부평의 모습은 이와 다르다. 빌딩이 들어서고 숲이 우거졌다. 지금부터 약 80년 전, 부평이 이랬다고 아무리 말로 한들 이해하기 어려울 정도로 달라졌다. 상상하는 데도 한계가 있다. 이 사진이 없었다면 아마도 80여 년 전 부평을 정확하게 이해하지 못했으리라.

사진만이 아니라 사진 속 건물들을 직접 보고, 만지고, 냄새 맡고 한다면 얼마나 더 이해가 풍성해질까. 그렇다. 사진 속 건물들은 지금 부평에 남아 있다. 아이러니하게도 미군이 사용해 준 '덕분에' 훼손되지 않고 남아 있다. 상상이 아니라 오감으로 모두 느낄 수 있다.

그런데 이곳은 단순한 공간이 아니었다. 비밀을 간직한 채 임무를 수행했던 곳이다.

미군기지에 가려졌던 사진 속 장소와 건물들의 정체가 이제 막 드러나고 있다. 이 책에서는 문서, 사진, 증언 등을 사용하여 사진 속 옛 부평의 정체를 탐방하고자 한다.

I

부평평야의 대변신

1

APO 901, 샌프란시스코

인천광역시 부평구 산곡동 일대에는 기묘한 장소가 있다. 대규모 아파트 단지가 사방을 에워싸고 있는 드넓은 공간에 우뚝 솟은 굴뚝과 길게 들어선 건물들이 있는 곳. 한참을 과거로 돌아간 듯 낡은 건물들이 예사롭지 않은 곳. 그뿐만이 아니다. 요즘 보기 드문 블록 담과 그 위 가시철조망이 있는, 마치 서울 용산의 미군기지와 같은 모습이다.

Restricted Area
No Trespassing

철조망에 걸린 접근 엄금의 경고문

철조망과 담벼락에 걸린 영문의 경고문. 그 아래에 한글로 "제한구역, 접근 엄금"이라는 번역문이 나란히 적혀 있다. 도시 한복판, 외부인의 접근을 철저히 거부하며 스스로를 고립시키고 있는 그곳은 다름 아닌 미군 기지였던 곳이다. 정확히는 캠프 마켓(Camp Market), 한국에 주둔 중인 미군 부대에 빵을 만들어 보급하는 지원부대였다. 군사 우편번호 APO 901, 미국 샌프란시스코의 주소를 갖고 있는 우리 땅 위의 미국 부지였다.

원래 이곳에는 7개의 미군기지가 있었다. 광활한 부평평야에 캠프 애덤스(Adams), 캠프 타일러(Tyler), 캠프 테일러(Taylor), 캠프 해리슨(Harrison), 캠프 마켓, 캠프 헤이스(Hayes), 캠프 그랜트(Grant)가 자리하고 있었다. 캠프 마켓을 제외하고 나머지는 역대 미국 대통령의 이름이다. 이를 통칭하여

부평 애스컴 시티 지도 ① 캠프 애덤스, ② 캠프 타일러, ③ 캠프 테일러, ④ 캠프 해리슨, ⑤ 캠프 마켓, ⑥ 캠프 헤이스, ⑦ 캠프 그랜트
출처: 부평역사박물관

미 군수지원사령부, 즉 애스컴(ASCOM: Army Service Command) 시티라고 했다. 애스컴 시티는 1973년에 공식적으로 해체됐다. 부평에는 캠프 마켓만 남고 나머지 6개의 캠프는 전부 다른 지역으로 이전했다. 그러나 그전까지 부평평야는 미군기지로 가득했다.

왜 부평평야에 수많은 미군기지가 생기게 된 것일까? 그리고 언제부터였을까? 의문을 뒤로한 채 미군이 떠난 자리에는 아파트가 들어서고, 학교가 들어서고, 공원이 들어섰다. 마치 원래부터 그랬던 것처럼 주택지로 바뀌어 갔다. 동시에 그 공간이 갖고 있던 기억도 역사도 사라졌다.

마지막 남은 캠프 마켓도 2002년 한미 연합토지관리계획(LPP: Land Partnership Plan)에 따라 이전이 확정되면서 우리 땅으로 돌아왔다. 전체 면적은 44만 제곱미터로 약 13만 평에 이른다.

반환결정이 결코 순조로웠던 것은 아니다. 인천시민들의 끊임없는 반

미군부대 반환을 촉구하는 인천시민 걷기대회(2000. 3)

출처: 부평구청

환 요청과 부단한 노력이 있었다. 1996년 부평역에서 개최된 5·18 광주민주항쟁 16주년 기념행사에서 처음으로 부평 미군기지 되찾기 구호가 등장했다. 그 후 같은 해 8월 캠프 마켓을 인간띠로 둘러싸는 행사로 이어졌고, 시민단체 주도하에 674일간의 천막 농성으로 발전했다. 1998년

〈표 1〉 캠프 마켓 반환 과정

날짜	내용	비고
1996. 5. 17	부평 미군기지 되찾기 구호 공식 등장	5·18 광주민주항쟁 16주년 기념식
1996. 8. 11	인간띠 잇기 행사	
1996. 9. 20	'우리 땅 부평 미군기지 되찾기 및 시민공원 조성을 위한 인천시민회의' 발족	
1997. 3	'부평 미군부대공원화추진시민협의회' 발족	
1997. 5. 14	'부평 미군부대 시민공원 조성을 위한 5·14 인천시민 걷기 대회' 개최	
2000. 5. 23	부평 미군기지 앞 천막 농성(674일간)	
2002. 3. 29	한미 연합토지관리계획(LPP)에 따라 이전계획 확정	
2009. 2. 2	발전종합계획 확정(행정안전부)	부지매입비 4,915억 원
2011. 7. 30	미군기지 내 DRMO시설 경북 김천 완전 이전	DRMO (군수품재활용사무소)
2013. 6. 24	국유재산 관리·처분을 위한 협약 체결(시 국방부)	
2014. 7. 16	우선반환구역(A, 228,802제곱미터) 경계확정	SOFA시설구역분과위
2017. 10. 27	우선반환구역 환경오염 정보공개	SOFA환경분과위
2017. 12. 6	환경오염 및 정화방안 정부합동설명회	환경부, 국방부
2019. 6. 3	1단계 A구역 복합오염토양 정화용역 착수	
2019. 8. 21	1단계 공여구역 C부지(정화조, 5,921제곱미터) 반환 승인	
2019. 12. 11	캠프 마켓 반환 결정	
2020. 10. 14	캠프 마켓 시민 개방	

출처: 부평사편찬위원회, 『인천육군조병창과 애스컴 시티』(부평사 4권), 2021, 제6장

부터 2002년까지 캠프 마켓 정문에서는 매주 토요집회가 열렸다. 1999년 5월 24일에는 김대중 대통령과 클린턴 미국 대통령에게 미군기지 반환을 요구하는 이메일을 공식적으로 발송하기도 했다.

이와 같은 시민들의 노력으로 캠프 마켓이 부평으로 돌아온 것이다. 그렇다고 하여 토지반환이 단번에 이루진 것은 아니다. 캠프 마켓은 A~D

캠프 마켓 반환 구역

출처: 인천광역시

의 네 구역으로 구분되어 순차적으로 반환되고 있다. 2022년 현재 북단의 A구역(DRMO, 군수물자재활용유통사업소)과 C구역(오수정화조)에 이어 B구역이 반환되었다. 전체가 반환되어 시민을 맞이할 채비를 마친 후 개방하는 데까

캠프 마켓 당시 폐쇄됐던 옛 인천육군조병창 정문

정문 앞 캠프 마켓 개방 행사의 모습

지는 상당 시일이 소요될 것으로 예상된다.

　인천시는 개방을 염원하는 시민들을 위해 B구역이 반환되자 2020년 10월 14일에 먼저 B구역을 시민에게 완전히 개방했다. B구역에는 부평역

시민에게 돌아온 캠프 마켓의 모습(2022년 부평 단오놀이 행사)

출처: 부평문화원

앞 경원대로와 연결되는 남단 출입문(=정문)이 있다. 캠프 마켓은 이곳을 폐쇄하여 블록담으로 막고 D구역의 동측 출입구를 정문으로 사용하고 있었다. 2020년 10월 6일, 폐쇄했던 정문 블록담을 허물고 시민들의 출입을 차단했던 블록담과 가시철조망도 일부 철거했다. "접근 엄금"으로 일반인의 출입을 통제했던 금단의 땅이 광복 후 75년만에 열리는 순간이었다. 미군기지 캠프 마켓이 드디어 베일을 벗은 것이다.

캠프 마켓에 들어서면 보이는 수많은 건물들. 자세히 볼 것도 없이 그 옛날, 일본이 한반도를 침탈했던 시절의 건물들임을 알 수 있다. 미군이 떠나자 일본이 보였다. 여전히 낯선 공간이다. 광복 후 줄곧 미군기지로만 알고 있던 부지, 캠프 마켓으로 알려졌던 장소가 본 모습을 드러낸 것이다. 이제부터는 그 숨겨진 비밀을 하나하나 벗겨 낼 차례이다.

캠프 마켓 중 일부가 우리와 일상을 같이하게 될 기쁨도 잠시, 이번에는 코로나 19 팬데믹이 접근을 막았다. 거기에 '시설물 조사'와 '환경 정화'라는 가림막으로 인해 접근은 더욱 어려워졌다.

그로부터 2년이 지나 3년째를 맞이한 2022년 6월 12일, 부평 단오놀이를 캠프 마켓 B구역에서 개최했다. 부모의 손을 잡고 아이들이 광장에 모여들었다. 6월의 따가운 햇살을 피해 그늘막이 들어서고 나무 아래에 돗자리가 펼쳐졌다. 캠프 마켓이 주민들을 품에 안았다.

2
조병창, 무기를 만드는 공장

아시아를 둘러싸고 미국, 영국, 프랑스 등 서구 열강들이 각축을 벌이던 19세기에 일본은 안으로는 메이지(明治)유신과 산업혁명을 전개했고, 밖으로는 아시아 침략의 기회를 엿보고 있었다. 이미 통상수호를 요구하던 미국의 흑선(黑船, 검은 함선)사건*과 시모노세키(下關)전쟁**에서 서구의 군사력을 경험한 일본은 이후 부국강병의 기치를 걸고 근대화와 기술강화에 나섰다.

일본군은 무기를 제조할 목적으로 공장을 설치했는데, 이를 조병창(造兵廠)이라고 하였다. 조병창은 구 일본 육·해군의 무기(병기)·탄약·차량·선박 등의 구입·설계·제조·수리 등을 담당했던 군 직속의 공장 및 기

---

* 흑선사건: 1853년 쇄국정책을 펼치고 있던 일본에 개항을 요구하며 미국의 페리제독이 이끄는 검은색 함선 4척이 에도항(현 도쿄항)에 나타난 사건.

** 시모노세키전쟁: 1863~1864년에 걸쳐 일본 조슈번(長州藩, 현 야마구치현)과 영국·프랑스·네덜란드·미국 사이에 발생한 무력 충돌 사건로 조슈번의 패배로 끝남.

관을 말한다. 일본 육군은 이를 육군조병창이라고 하고, 해군은 해군공창이라고 했다.

'육군조병창령'(칙령 제83호, 1923년 3월 29일)에 따르면 "육군조병창은 육군 소요의 병기를 고안 설계하고, 육군 소요의 병기, 기타 군수품 및 일반 화약류를 제조, 수리하며 이들 제품을 검사하고 해군 소요의 화약을 제조, 수리하는 곳으로 한다"라고 규정했다.

육군조병창은 1879년 도쿄(東京)와 오사카(大阪)에 설치된 포병공창을 합병하면서 '육군조병창령' 제정으로 육군성 장관 직속으로 창설되었다. 동령 제2조에 따르면 당초 공창은 도쿄, 오지(王子), 나고야(名古屋), 오사카에 두고, 고쿠라(小倉)와 평양에 직할 제조소를 두었다. 조병창 건설은 그 후에도 계속되어 한반도를 포함한 일본 '제국' 내에 7개, 만주국에 1개 등 총 8개를 설치했다.

그렇다. 한반도에 세운 조병창이 인천 부평에 있었던 것이다. 정식 명칭

〈표 2〉 육군조병창 설치 상황

■ 도쿄(東京)제1육군조병창 오미야(大宮)제조소 · 센다이(仙台)제조소 등	■ 도쿄(東京)제2육군조병창 다마(多摩)제조소 · 이타바시(板橋)제조소 등
■ 사가미(相模)육군조병창 제1제조소 · 제2제조소	■ 나고야(名古屋)육군조병창 아쓰다(熱田)제조소 · 도리이마쓰(鳥居松)제조소 등
■ 오사카(大阪)육군조병창 시라하마(白浜)제조소 · 하리마(播磨)제조소 등	■ 고쿠라(小倉)육군조병창 가스가(春日)제조소 · 이토구치야마(糸口山)제조소 등
■ 남만(南滿)육군조병창 제1제조소 · 제2제조소 등	■ 인천(仁川)육군조병창 제1제조소 · 평양제조소

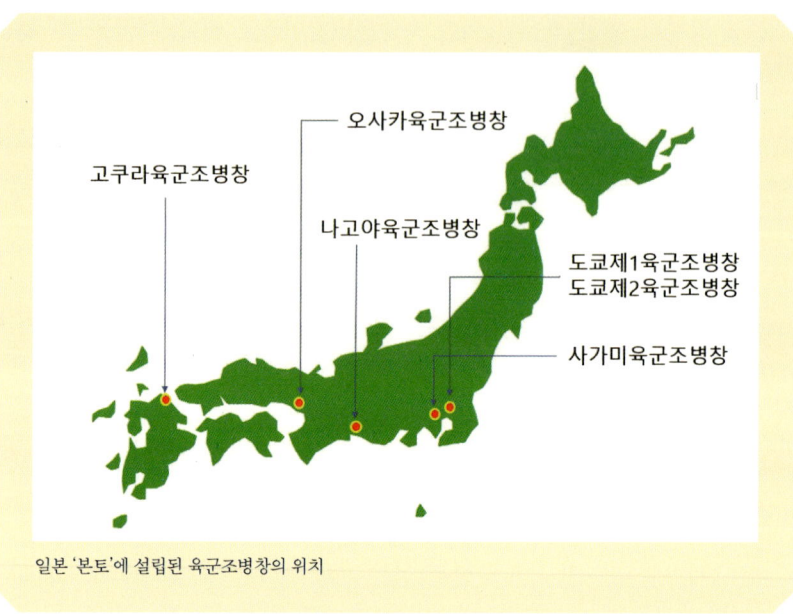

일본 '본토'에 설립된 육군조병창의 위치

〈표 3〉 일제강점기 육군조병창 설치 상황

지역	조병창명	소재지(본부 기준)
일본 '본토'	도쿄제1육군조병창	도쿄도 오지구(王子区)
	도쿄제2육군조병창	도쿄도 이타바시구(板橋区)
	사가미육군조병창	가나가와현(神奈川県) 고자군(高座郡)
	나고야육군조병창	나고야시 아쓰타구(熱田区)
	오사카육군조병창	오사카시 히가시구(東区)
	고쿠라육군조병창	고쿠라시 다마치(田町)
조선	인천육군조병창	경기도 부천군(부내면)
만주국	남만육군조병창	펑톈시 선양현(瀋陽縣)

출처: 「陸軍兵器行政本部直轄出張所並造兵部常置員現況表等」, 1944. 4. 22. 일본 아시아역사자료센터

은 '인천육군조병창'으로 바로 캠프 마켓이 있었던 그 자리에 있었다

육군조병창은 1940년 4월 1일, 효율화를 기하기 위해 조병창과 병기창이 육군병기창으로 통합되고, 1942년 10월 15일에는 육군병기행정본부로 개편되었다('육군병기행정본부령', 칙령 제674호).

3
육군조병창의 기구와 인천육군조병창

　육군조병창은 일반적으로 서무과, 감독과, 작업과, 기술과, 회계과, 의무과로 구성된 본부와 제조소, 연구소, 기능자양성소, 출장소, 감독반, 상주반, 병원으로 조직되었다. 조병창의 기준 편성업무라고 제시된 자료를 보면 각 부서별 주요 업무 등 역할 등이 상세하게 명시되어 있는데, 이를 도표로 나타내면 〈표 4〉와 같다.
　그렇다면 실제로 기준 편성에 맞추어 조직이 구성되어 있는지 오사카육군조병창 사례를 살펴보자. 〈표 5〉는 오사카육군조병창의 조직도이다. 이 조직도를 보면 서무과에서 의무과에 이르기까지 행정업무를 보는 곳을 본부라고 하고, 실제 무기를 제작하는 곳을 제조소라고 한다는 것을 알 수 있다. 본부의 각 부서는 기준 편성과 동일하다. 의무과 시설로는 조병창 안에 병원을 두었다.
　인천육군조병창의 편성은 어떤가? 이를 확인할 수 있는 문서가 남아

표 4〉 육군조병창의 기본 편제

```
                              조병창
                                │
┌────┬────┬────┬────┬────┬────┬────┬────┬────┬────┬────┬────┐
병    상    감    출    기    연    제    의    회    기    작    감    서
원    주    독    장    능    구    조    무    계    술    업    독    무
      반    반    소    자    소    소    과    과    과    과    과    과
                        양
                        소
```

편성	주요 업무
문서계	문서 취급, 명령, 통첩 보고, 군기풍기
인사계	인사 청내의 편성, 교육에 관한 사항
노무계	노무 소집 연기자 위해예방에 관한 사항
방어계	군기 풍기 및 단속 경계 방공에 관한 사항
공예계	제조방식 병기의 고안 설계 공예 기술에 관한 사항
검사계	병기 등 조달품 및 측량기의 검사 병기의 이력에 긴한 사항
규격계	병기 제식 검사법 검사규례 및 제규격에 관한 사항
생산계	병기 생산의 기본 및 제조군 동원계획, 설비의 기본에 관한 사항
자재계	재료의 수급 물자 회수 및 이재 전비 재료의 이용 및 갱신
관리계	이용민간공장 관리 감독에 관한 사항
기계계	기구 기계(선반)의 신설 유지 보수 검사에 관한 사항, 설비 및 설비용 자재
영조계	토지 건조물의 신설 유지에 관한 사항
계산계	예산의 조사 지불 매매 및 수지 결산, 수입 및 지출에 관한 사항
조도계	물건의 조변 대차 회계 감독에 관한 사항
창고계	창고의 감리 운반에 관한 사항
위생계	노무 위생에 관한 사항
의사계	치병 및 요양에 관한 사항
사무소	병기 생산의 실시
검사계	
공무계	
서무계	
공장	병기 생산의 실시
사무소	
공장	
연구소	병기 제조 연구의 실시
기능자양성소	공원의 기술 교육
출장소	민간공장 군수품 생산 지도 관리 감독 및 검사
감독반	민간공장 군수품 생산 지도 감독 및 검사
상주반	
본부	
감사반	
상주반	
병원	진료 실시

출처: 일본병기공업회자료, 『終戰直後の造兵廠現況綴(종전 직후의 조병창 현황철)』, 1945. 8. 일본 방위성 방위연구소

있다. 1944년 4월 22일의 『중앙직할보급제창조사표(中央直轄補給諸廠調査表)』
와 『종전 직후의 조병창 현황철(終戰直後の造兵廠現況綴)』에 따르면 인천육군조
병창은 〈표 6〉처럼 구성되어 있었다. 이 표를 보면 본부와 제1제조소가

〈표 5〉 오사카육군조병창의 편제

구분		주요 임무	적요
본부	서무과	일반서무, 경계단속, 인사, 노무	
	감독과	공예기술, 병기 및 동 재료검사, 규격	
	작업과	작업경영, 제조기공, 수품수급, 민간공장 관리감독	
	기술과	설비	
	회계과	작업경리, 물건조달, 물품회계	
	의무과	공장위생, 방역	
제1제조소		화포	
제2제조소		-	히라카타(枚方)제조소에 합병
제3제조소		-	이시미(石見)제조소에 합병
제4제조소		강재, 주조품, 단조품	
제5제조소		-	히라카타조소에 합병
히라카타(枚方)제조소		포 탄환, 폭탄, 신관, 화구	
하리마(播磨)제조소		포신소재, 강재, 주조품, 단조품	
시라하마(白濱)제조소		주정	
이시미(石見)제조소		포용 약협*	
연구소		병기용 금속소재 연구 및 화포제조연구	
기능자양성소		기술자교육	
긴키(近畿)감독부		긴키지구 민간공장 관리감독	
주고쿠(中國)출장소		주고쿠지구 민간공장 관리감독	
시코쿠(四國)출장소		시코쿠지구 민간공장 관리감독	
각지감독반		그 외 지역 민간공장 관리감독	

*약협(藥莢): 총포 탄알에 화약을 넣는 놋쇠로 만든 작은 통, 탄피라고도 한다.

출처: 『오사카 육군조병창의 현황(大阪陸軍造兵廠ノ現況)』, 1945. 9. 30, 3~4쪽.

경기도 부천군 부내면 대정리(현 인천 부평)에 설치되어 있었고, 평양에 설립된 평양제조소를 그 예하에 둔 것이 확인된다. 부평 제1제조소의 주요 업무는 소총, 총검 생산이고, 평양제조소는 탄환, 항공탄약, 차량, 기구 제작이었다.

그리고 경성과 부산, 성진에 감독반을 설치하고 있었다. 감독반의 주요 업무는 조병창에 납품하는 각종 병기 부품에 관한 관리 감독이었다.

평양제조소는 일본 후쿠오카현(福岡縣)에 소재한 고쿠라육군조병창에 예속되어 있다가 인천육군조병창이 개창하면서 그 예하로 들어갔다. 평양제조소는 평안남도 평양부 평천리 44번지에 위치했으며 약 16만 평(약 53만 제곱미터) 규모였다.

⟨표 6⟩ 인천육군조병창의 편성

명칭	주요 업무	당시 위치
본부	-	경기도 부천군 부내면 대정리
제1제조소	소총, 총검 생산	〃
평양제조소	탄환, 항공탄약, 차량, 기구 제작	평안남도 평양부
경성감독반	감독 검사	경성부 광화문통 경기도청 내
부산감독반	감독 검사	경상남도 부산부 수정가
성진감독반	감독 검사	함경북도 성진부 쌍포정 일본고주파공업주식회사 성진공장 내

출처:「陸軍兵器行政本部直轄出張所並造兵部常置員現況表等」, 1944. 4. 22. 일본 아시아역사자료센터

인천육군조병창은 지금도 건물들이 남아 있어 직접 눈으로 각 시설들을 확인할 수 있다. 그런데 각각의 건물이 어떤 역할을 하고 있었는지 일부 건물을 제외하고 그 구체적인 내용은 아직도 잘 모른다. 그 이유는 조

병창 '배치도'가 아직 발견되지 않았기 때문이다.

배치도에는 조병창 내 각 건물들이 어떤 작업을 하기 위해 만든 것인지 그 내용이 기입되어 있어, 건물과 건물 간의 관계 설정 등을 엿볼 수가 있다.

예를 들어 평양제조소 배치도의 경우를 보자. 평양제조소 배치도는 일본 방위성 방위연구소의 자료에서 확인되는데 총 24장으로 구성되어 있다. 이 배치도를 종합해 보면, 각 공장들의 명칭과 함께 건물이 목조 2층

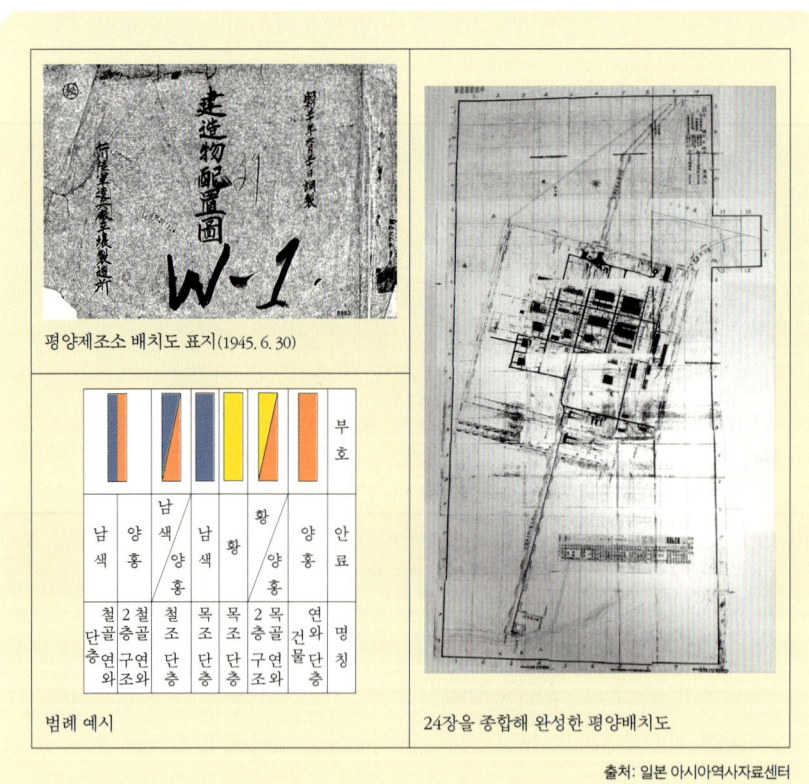

평양제조소 배치도 표지(1945. 6. 30)

범례 예시

24장을 종합해 완성한 평양배치도

출처: 일본 아시아역사자료센터

인지, 지붕의 형태는 어떠했는지 상세한 내용이 범례에 표시되어 있다. 배치도 하나만으로도 건물의 외형을 이해할 수 있다. 거기에 각각의 역할까지 표시하고 있으니 무기 생산의 작업 흐름도 파악할 수 있어 그 장소를 이해하는 데 이만한 것이 없다. 평양제조소는 평양역 서남단에 위치했으며, 평양역으로부터 평양제조소 부지를 연결하는 철도 인입선이 부설되어 있었다.

 행정업무 사무소와 사령부 등을 총칭하는 본부는 병원과 함께 조병창 정문에 위치했다. 인천육군조병창의 경우도 사령부로 보이는 건물과 병원 건물이 정문을 들어선 곳에 위치했다. 이러한 공간 구성은 평양제조소의 경우도 같아서 제조소 사무를 담당하던 사무동과 의무실이 정문 바

광복 후 미군이 촬영한 인천육군조병창 전경

출처: 미국 국립문서기록관리청(NARA)

로 앞에 위치하고 있었다.

육군조병창은 육군성 장관의 직속 기관인데 육군 중장이 장관으로 임명되었다. 인천육군조병창장으로는 다이코 기사부로(大幸喜三郞) 소장이 취임했다. 그는 육군사관학교 26기생으로 화포 전문가였다. 1921년 4월 도쿄대학 공학부 조병학과를 졸업하였으며 1943년 10월까지 인천육군조병창에서 근무했다.

다이코 다음으로 창장에 부임한 자는 와케 다다후미(和氣忠文) 소장이다. 와케는 1919년 5월 28일 육군사관학교를 31기생으로 졸업했고 병과는 야전 중포병(重砲兵)이었다. 그 후 교토대학 공학부 전기과에 파견학생으로 입학하여 1927년 3월에 졸업했다. 와케는 패전 후 조병창과 하청공장 간 채권채무 문제를 1945년 9월 6일까지 처리한 다음 11월에 일본으로 귀환하였다.

4
왜 인천에 조병창을 신설했나

조선 제일의 무기고

일본은 왜 조선 땅에 무기공장을 세우려 했는가? 그 의문에 해답을 찾을 수 있는 문서가 있다. 1939년 8월 9일 자 공문 육조비(陸造秘) 제2048호 「토지 매수의 건 신청」에서 단서를 찾을 수 있다.

이 문서는 육군조병창 장관 고스다 가쓰조(小須田勝造)가 육군성 장관 이타가키 세이시로(板垣征四郎)에게 부평에 조병창

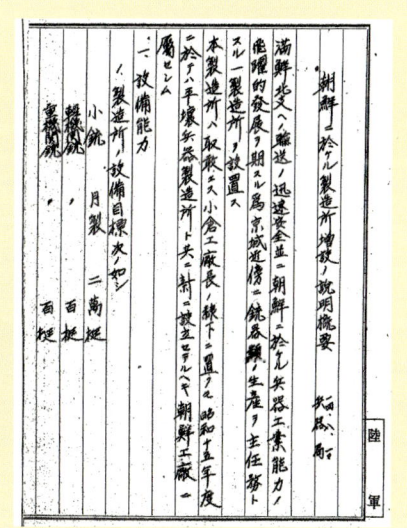

「土地買収に関する件(토지 매수의 건)」, 1939년에 첨부된 설명자료

출처: 일본 아시아역사자료센터

건립을 위한 토지 매입을 신청한다는 내용이다. 토지 매입 신청은 같은 해 9월 1일 자로 인가되는데, 첨부된 설명자료에 조병창 신설에 대한 이유가 적혀 있었다.

만선(滿鮮) 북지(北支)에 대한 수송의 신속 안전 및 조선 내 병기 공업 능력의 비약적 발전을 기하기 위해 경성 근방에 총기류 생산을 주 임무로 하는 제조소 한 곳을 설치한다.
본 제조소는 우선 고쿠라공창장 예하에 두지만, 쇼와 15년(1940년)에는 평양병기제조소와 함께 새로 설립될 조선공창에 속하게 한다(밑줄 및 굵은 글씨는 필자).

부평연습장에서 실사격 중인 조선군 제20사단 야포대
출처: 인천광역시립박물관

다시 말해서 중국 북부, 만주에 무기 공급을 신속하고 안전하게 하기 위해 조선에 무기공장을 설치한다는 것이었다. 사실, 동일한 필요성과 목적에서 이미 평양에 병기제조소를 두고 있었다.

그 설치 이유를 보면, "일본군이 만주에서 작전을 펼 경우, 일본의 탄피를 일본 '본토'에서 송부하는 번잡함을 피해 전장 근처에서 이를 복제할 목적으로 이에 적합한 간단한 설비로 평양에 개설"한 것이라고 한다. 즉 일본군에 신속한 무기 공급을 꾀하고자 중국에 인접한 조선 땅에 무기공장을 설치한 것이다.

그리하여 조병창 건립을 위해 일본군 제20사단(용산 주둔)이 사격연습장으로 사용하고 있었던 부평연습장 72만 8천여 평(약 240만 제곱미터)을 수용하였다. 당시 부평평야는 일본군의 사격연습장이었다. 1931년 6월 26일 자

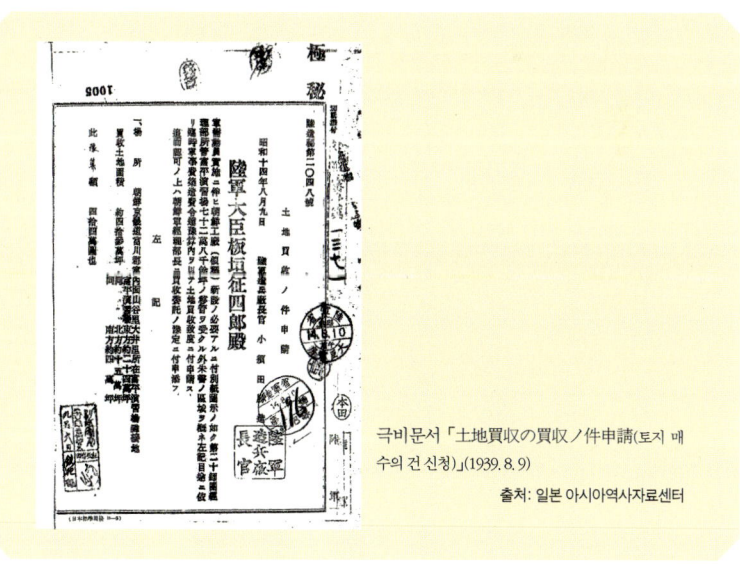

극비문서「土地買収の買収ノ件申請(토지 매수의 건 신청)」(1939. 8. 9)
출처: 일본 아시아역사자료센터

『조선신문』에는 '부평평야에서 실탄사격'이라는 표제 아래, "보병 제79연대는 30일부터 7월 4일까지 부평연습장에서 보병 포 실탄사격을 실시할 것이다"라고 보도하고 있다.

그러나 당초 조병창 규모를 100만 평(약 330만 제곱미터)으로 책정하고 있었기에 사격연습장만으로는 부족했다. 소총 제조뿐만 아니라 장래 실포(실탄) 제조를 목표로 하고 있어서 부지를 넉넉하게 확보할 필요가 있었던 것이다. 그리하여 부천군 부내면 산곡리, 대정리 소재 부평연습장 인접지에 44만 엔의 예산을 투입하여 부지를 추가로 매입했다.

위의 「토지 매수의 건 신청」이라는 극비문서(육조비 제2048호)에 따르면, 부평연습장 동방으로 약 24만 평(약 79만 제곱미터), 북방으로 약 15만 평(약 49만 제곱미터), 남방으로 약 4만 평(약 13만 제곱미터), 계 43만 평(약 142만 제곱미터)이 매입 대상이었다. 기존의 72만 8천여 평과 합산하면 115만 8천여 평(약 382만 제곱미터)에 이르는 면적이었다.

군수동원 실시에 수반하여 조선공창(가칭) 신설이 필요해짐에 따라 별지 도시(圖示: 그림으로 설명함)한 바와 같이 제20사단 경리부 소관 부평연습장 72만 8천여 평을 이관받고, 주서(朱書: 붉은 색 글씨) 구역을 대략 다음을 목표로 임시군사비 축조비 영달 예산 내에서 토지 매수하고자 신청한다.

인천육군조병창을 건립하는 데 부평평야의 일본군 부평연습장을 포함한 것은 부지 확보가 손쉬웠기 때문인 것으로 추정된다. 이유는 이뿐만이 아니었다.

마치 산성으로 둘러싼 듯한 부평평야의 모습

출처: 구글 어스(Google Earth)

첫째, 부평은 계양산, 철마산, 원적산, 함봉산 등이 'C'형으로 둘러싸서 서해를 가로막고 내륙 쪽으로는 부평평야가 펼쳐진 천혜의 요새와 같았다.

둘째, 인천과 경성을 연결하는 경인철도가 부평을 지나고 있고 인천항과 가까운 곳에 위치하여 수송에 편리했다.

셋째, 경인시가지계획 시행으로 인천과 경성에 거대 규모의 공장지대가 형성되어 무기제조에 필요한 부품, 재료 등을 공급받을 수 있다는 이점이 있었다.

넷째, 인천과 경성에 인접해 있어 필요한 노동력을 쉽게 확보할 수 있었다.

인천육군조병창은 1941년 5월 5일 개창했다. 개창 당시에는 총검 공장과 견습공 연습공장의 두 개 공장을 우선 가동했다.

인천육군조병창 부평의 주요 임무는 총기류의 생산과 수리에 있었다. 설립계획 당시의 월간 생산목표를 보면 소총 20,000정, 경기관총과 중기관총 각각 100정, 총검 20,000개, 군도 1,000개였다.

〈표 7〉 인천육군조병창 설립 시 월간 생산목표

품목	기간	수량
소총	1개월	20,000정
경기관총	1개월	100정
중기관총	1개월	100정
총검	1개월	20,000개
군도	1개월	1,000개

출처: 兵器局, 「朝鮮ニ於ケル製造所増設ノ説明概要」, 1939. 8. 10. 일본 아시아역사자료센터

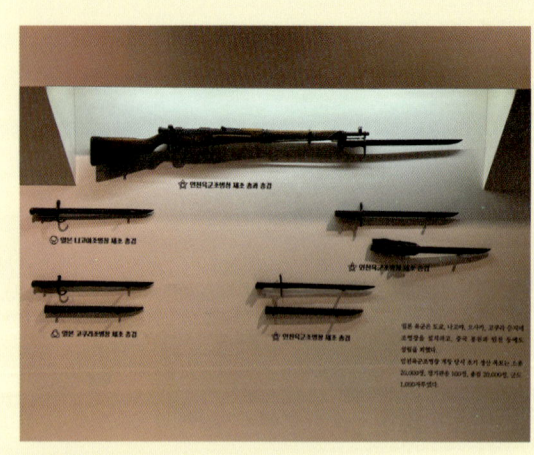

부평역사박물관에서 전시 중인 99식 소총과 총검

총검에 새겨진 인천조병창 마크

출처: 부평역사박물관

그 밖에도 실포(실탄)를 생산할 계획도 갖고 있었다. 앞서 소개한 「토지 매수의 건 신청」 문서에 의하면, "장래 공창 본부 및 실포류의 생산을 주임무로 하는 일(一) 제조소를 본 부지 내에 설치할 수 있도록 여지를 남길 것"이라고 하고 있다. 실포 생산을 목적으로 공장을 확장하게 된 것은 그로부터 6년 뒤인 1945년 3월이었다.

앞의 사진은 인천 부평역사박물관에 전시된 99식 소총과 총검인데, 인천육군조병창에서 제작한 것을 확인할 수 있는 조병창 마크가 뚜렷하다. 무기류에는 생산지가 어디인지 명확하게 구별할 수 있도록 각 조병창마다 서로 다른 모양의 마크가 사용되었다. 위 사진의 별 모양 마크는 인천육군조병창 고유의 표식이었다.

1945년 일본이 패전할 당시의 무기의 종류와 수량은 당초 목표보다는 확대되었다.

주의해야 할 점은 인천육군조병창 예하 제1제조소(부평)와 평양제조소에서 생산한 품목이 각기 다르다는 점이다. 〈표 8〉에 있는 품목 중 소총,

〈표 8〉 인천육군조병창 패전 시 생산량 (1945년경)

품목	기간	수량
소총	1개월	4,000정
총검	1개월	2,000개
소총 실탄	1개월	700,000개
대포용 탄환	1개월	30,000개
군도	1개월	2,000개
차량	1개월	200대
피혁마제품	1개월	200,000엔
소형 배	1944년, 1945년	250척
무전기	1945년	200개

출처: 宮田節子編·解説, 『朝鮮軍概要史』, 不二出版社, 1989, 117쪽.

총검, 군도류는 부평 제1제조소에서 생산했고, 그 외 소총 실탄, 대포용 탄환, 차량 등은 평양제조소에서 생산한 것으로 생각된다.

이외에도 특기할 사항으로 '3식 수송잠항정'이라는 것이 있었다. 이 잠항정은 무기 등을 수송할 목적으로 제조한 것으로 인천 만석정에 있던 조선기계제작소(현 두산 인프라코어)가 만들어 납품했다. 당시 잠항정은 6척을 완성하여 인천육군조병창에 납품했고, 10척 정도를 시운전하던 중에 전쟁이 끝났다고 한다.

5
고쿠라육군조병창이 만든 인천육군조병창

식민지 조선의 무기제조에는 고쿠라육군조병창이 깊이 관여하고 있었다. 고쿠라육군조병창은 일본 후쿠오카현 고쿠라시[현재 기타큐슈시(北九州市) 고쿠라구]에 소재한 것으로 인근에 일본 최대 철강회사인 일본제철주식회사 야하타(八幡) 제철소가 있었다. 규모는 동서 735미터, 남북 1,325미터로 면적은 176,581평(약 58만 제곱미터), 약 300동에 이르는 시설들이 부지 내를 가득 메우고 있었다. 제조한 주요 무기로는 제1제조소 차량, 전차, 제2제조소 소총, 기관총, 총검, 제3제조소 탄환, 항공탄약, 포탄 등이었다. 독특한 것은 미 본토를 공격할 목적으로 고안된 풍선폭탄을 이곳에서 제작하고 있었다는 것이다. 또한 그런 연유도 작용한 것인지, 미군은 핵폭탄의 두 번째 투하장소로 고쿠라를 지목하기도 했다.

그런데 고쿠라육군조병창은 평양병기제작소를 관리 감독하는 등 식민지 조선의 무기생산에 직접 관여하고 있었다. 그리하여 가칭 조선공창으로 불리던 조병창 건립에도 참여했다. 1939년 9월 30일 육군조병창 장관 고스다 가쓰조가 육군성 장관 하타 슌로쿠(畑俊六)에게 제출한 「숙사 임차에 관한 건 신청」에 따르면, "고쿠라공창이 조선 부평에 제조소 신설을 위한 공사 감독사무소 개설에 따른 요원을 부임시킬 필요가 있으나, 이에 필요한 숙사는 현재 건설 계획 중인 바 완성될 때까지 당분간 조선군 경리부장이 정하는 임차표준료에 따라 숙사를 임차 대여하고자" 한다고 하고 있다.

이 문서에 '부평사무소 편성요원 및 동 착임 구분'이라는 제목의 별첨 표가 첨부되어 있어서 사무소 개설의 일정을 확인할 수 있다.

〈표 9〉를 보면, 제1차에서 제3차에 걸쳐 고쿠라에서 요원을 부임시키

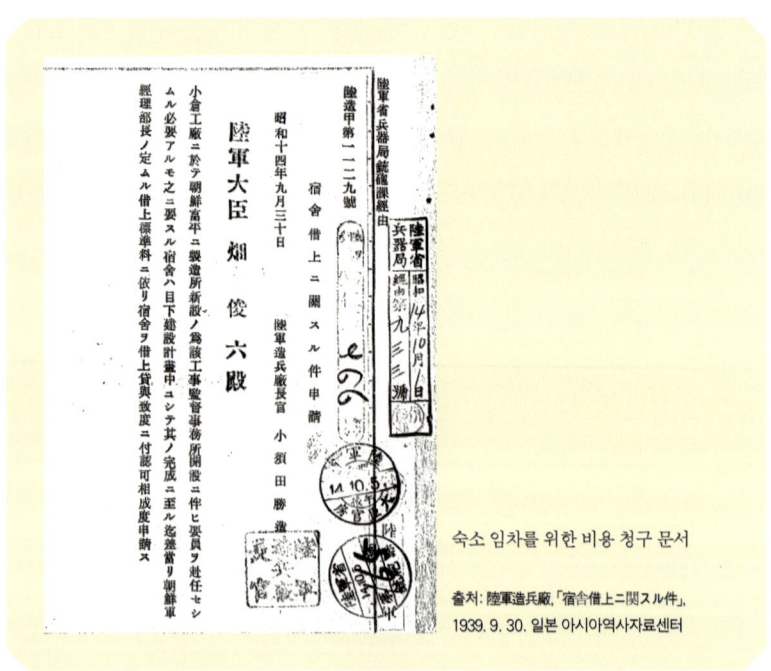

숙소 임차를 위한 비용 청구 문서

출처: 陸軍造兵廠, 「宿舎借上ニ關スル件」, 1939. 9. 30. 일본 아시아역사자료센터

〈표 9〉 부평사무소 편성 요원 및 착임 구분

(단위: 명)

구분	제1차 요원	제2차 요원	제3차 요원	계
소장	1			1
고등관	1	1		2
판임관	2	4		6
고원·촉탁	1	1	2	4
공원·용인	3	25	22	50
계	8	31	24	63

출처: 陸軍造兵廠, 「宿舍借上ニ関スル件」, 1939. 9. 30, 일본 아시아역사자료센터

〈표 10〉 일본 육군의 계급 체계(1935년)

임관 구분	상세		구분
친임관(親任官)	대장	장관	
칙임관(勅任官)	중장		
	소장		
주임관(奏任官)	대좌	좌관	장교
	중좌		
	소좌		
	대위	위관	
	중위		
	소위		
판임관(判任官)	특무조장(特務曹長)		준사관
	조장(曹長)		하사관
	군조(軍曹)		
	오장(伍長)		
	상등병		병
	일등병		
	이등병		

출처: 藤田昌雄, 『日本陸軍の基礎知識(昭和の生活編)』, 潮書房光人新社, 2018, 18쪽.

는데, 제1차 요원은 소장을 위시하여 고등관 1명, 판임관 2명, 고원·촉탁 1명, 공원·용인 3명, 총 8명을 1939년 10월 1일에 부임시킬 계획이었다. 이어서 제2차 요원은 동년 10월 15일에 총 31명, 제3차 요원은 1940년 1월 10일에 24명으로 전체 63명을 파견할 예정이었다. 사무소는 제2차 요원을 파견한 10월 15일 자로 개소한 것으로 하였다. 이와 같이 인천육군조병창 건립은 고쿠라육군조병창 지휘하에 추진되고 있었음을 알 수 있다.

고등관이란 친임관에서 주임관까지의 장교를 의미하고 판임관은 하사관급을 의미하므로 지휘관급의 일본군 총 9명이 공사를 관리하러 파견되었다. 공사에 투입할 토목건설업자도 고쿠라육군조병창이 선발하였다.

6
군수기업, 속속 부평으로

　조병창 건립계획이 실행에 옮겨진 1939년, 부평에는 군수물자를 생산·협력하는 군수회사가 집중적으로 건립되기 시작했다. 수도용 강관을 생산하는 경성공작과 국산자동차공업, 도쿄자동차공업, 오사카섬유공장, 일본고주파중공업, 부평요업 등이 조업을 개시했다.
　이 공장들은 경기도 공업용지 조성계획에 의해 구획된 지역에 세워졌다. 그 위치는 다음 그림과 같은 곳으로 현 부평구청 사거리를 중심으로 그 인근과 북단에 세워졌다. 부평이 자동차공업과 인연을 맺기 시작한 것은 조선국산자동차가 1938년 2월 부평에 공장을 건립하면서부터이다.
　조병창에 협력한 군수회사 중에는 당시 일본 재계를 주름잡던 3대 재벌의 하나인 미쓰비시(三菱)가 있었다. 미쓰비시는 조선소와 항공기제작소, 병기공업, 제강, 탄광·광산 등 다각적 경영을 통해 부를 축적함과 동시에 일본군 병참에 적극 협조한 대표적인 기업이다. 미쓰비시가 조업에

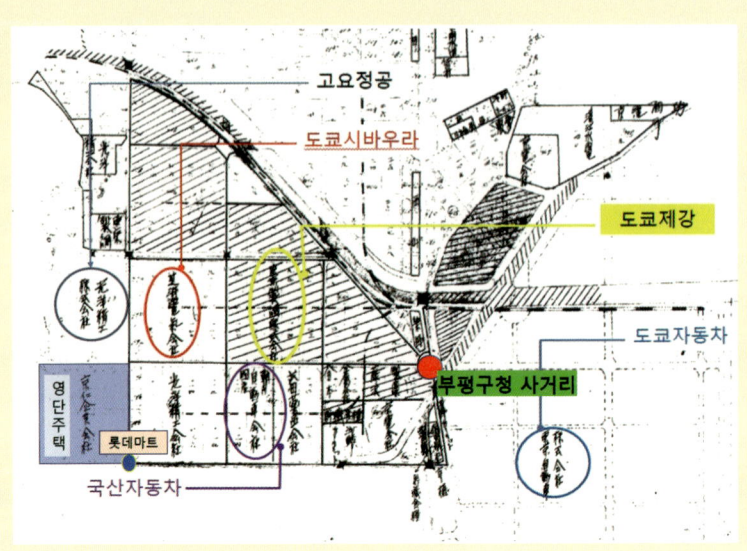

경기도 공업용지 지역에 건립된 기업들(1941~1943년)
출처: 京畿道,「工業用地造成費起債借替並＝工業用地造成費継続費変更ノ件」, 1944. 1. 7. 국가기록원

〈표 11〉 부평 지역 공업용지에 설립된 군수회사

직종	작업장 명	당시 주소	설립연도	품목
기계기기	경성공작	부평 산곡정	1939	수도용 강관
기계기기	고요(光洋)정공	부평 백마정	1942	공구류
기계기기	미쓰비시(三菱)제강	부평	1942	공작기계, 강판
기계기기	도쿄(東京)자동차공업	부평	1939	자동차, 자전거
기계기기	도쿄(東京)제강	부평	-	-
기계기기	디젤자동차공업	부평	1937	자동차
기계기기	국산자동차공업	부평 소화정	1939	-
기계기기	조선베아링공장	부평	-	자동차, 자전거, 부품조립
섬유방적	오사카(大阪)섬유공장	부평	1939	-
화학	일본고주파중공업	부평	1939	각종 금속
요업	부평요업	부평 부내면	1939	연와, 기와
	오사카 철사공장	부평	1938	-

출처: 부평사편찬위원회, 『부평의 산업과 사회』(부평사 제3-1권), 2021, 73쪽.

필요한 인력으로 조선인을 동원한 것은 말할 것도 없다.

미쓰비시 제강소가 부평에 자리 잡은 것은 1942년 히로나카(弘中) 상공을 인수하면서부터이다. 히로나카 상공은 히로나카 료이치(弘中良一)가 1937년 6월 설립한 회사로 용산에 본사를 두고 착암기 등 광산기계를 생산하던 회사였다. 조선 광산개발의 붐을 타고 기계 수요가 급증하자 부평역 서쪽에 2만 5천 평(약 8만 제곱미터)의 부지를 마련하고 히로나카 상공 부평공장을 설립했다. 그러나 무리한 사업확장으로 경영난에 빠져 결국 1942년 6월 미쓰비시 중공업에 매각되고 말았다. 미쓰비시 중공업은 제강 부문을 별도로 분리하여 나가사키(長崎) 제강소와 평양공장, 부평공장을 합쳐 자본금 5천만 원의 미쓰비시제강주식회사를 설립했다. 이리하여 1942년 11월 1일, 미쓰비시제강 상인천제작소라는 이름으로 조업에 들어갔다. 미쓰비시 제강소는 무기제작에 필요한 강판과 박격포탄을 생산하여 인천육군조병창에 납품하였다.

1948년 당시 미쓰비시 제강소의 모습

출처: Norb Faye

88정비부대로 사용될 때의 미쓰비시 제강소 모습(1996. 6. 13)

출처: 부평구청

7
삼릉마을과 미쓰비시 줄사택

미쓰비시 제강소가 위치했던 곳은 현 부평공원으로, 경인선을 끼고 철길 반대편에는 제강소에 동원한 노무자용 주택을 건립했다. 원래 그 자리에는 히로나카 상공이 건립한 노무자 주택이 있었는데, 미쓰비시 제강

히로나카 상공이 건립한 노무자 주택

출처: 부평역사박물관

1948년 당시 미쓰비시 줄사택의 모습

출처: Norb Faye

은 이를 접수하고 1943년에 직원 사택 3개 동과 공원 사택 6개 동, 합숙소와 공동욕장 2개 동을 더 지었다. 1944년에는 직원 사택 6개 동과 공원 사택 10개 동을 추가로 건립했다. 미쓰비시의 사택이 들어선 이 지역을 사람들은 '삼릉마을'이라고 불렀다. 미쓰비시의 한자 표기 '三菱'을 한자 발음으로 부른 것인데, 지금도 이 지역은 '삼릉마을'로 통하고 있다.

광복 후 미쓰비시 제강소는 한국군에 인수되어 제60병기대대가 들어섰다가 1973년 3군수 지원사령부가 발족하면서 예하 88정비부대가 사용하였다. 그 후 기지가 인천시에 반환되자 공원 조성을 위해 모든 건물이 철거되어 그 흔적은 찾아볼 수가 없고, 유일하게 노무자들이 기거했던 노무자 주택이 일부 남아 있을 뿐이다. 이 노무자 주택은 많은 사람들을 동시에 수용할 수 있도록 설계된 것으로 이를 '나가야(長屋)'라고 하였다. 하나의 긴 지붕 아래 칸칸을 독립되게 나눈 형태의 가옥인데, 그 모양을 따서 어느 순간부터 '줄사택'이라 부르고 있다. 미쓰비시가 전쟁 기간에 건립한 줄사택은 아마 한·일을 통틀어 부평에만 유일하게 남아 있지 않을까 싶다. 조병창과 미쓰비시를 연결시켜 줄 수 있는 유일무이의 이 줄사택도 도시개발의 기세에 밀려 풍전등화와 같은 운명에 서 있다.

2020년 당시 줄사택 4개 동 중 2개 동의 모습

지붕 내부가 드러난 줄사택의 모습(2019. 3)

8
주택난과 노무자 주택

　부평이 한적한 농촌마을에서 계획된 군수도시로 변모하는 분기점이 된 것은 1934년 6월 제정된 '조선시가지계획령'이다. 이것은 조선총독부가 1930년대 추진한 조선공업화정책으로 도시 인구가 급증하자 시가지 정비를 위해 마련한 법령이었다. 경성이 1936년 4월에 경성시가지계획을 수립하자 각 도시별로 시가지계획을 마련했는데, 인천은 1937년 4월에 인천시가지계획을 고시하였다. 그러나 1937년 7월 중일전쟁 발발로 인천에 병참기지로서의 역할이 기대되면서 '경인일체화', '경인일여'의 기운이 높아졌다. 인천은 철도를 통해 운송이 가능하고, 전기·수도 등 공업에 필요한 인프라가 설비되어 있으며, 경성과 인접해 있어 노동력 확보에도 편리하다는 이점이 있었다.

　경인일체화 계획이 공론화되면서 그 중심에 선 곳은 부평이었다. 1940년 1월 조선총독부가 고시한 경인시가지계획에서 부평을 포함한 11개 지구

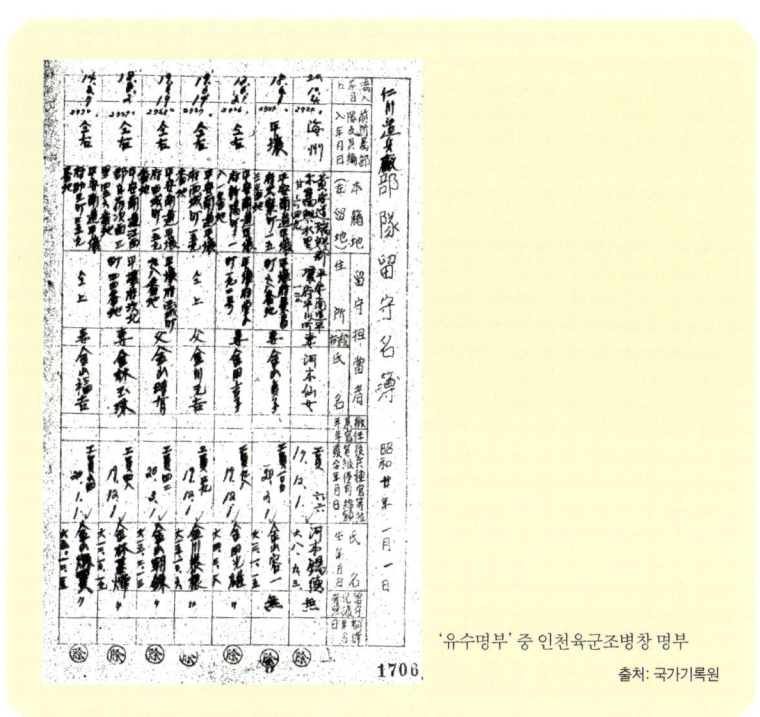

'유수명부' 중 인천육군조병창 명부
출처: 국가기록원

중 광복 때까지 사업(주택지 조성, 공업용지 조성, 토지구획정리)이 시행된 곳은 부평이 유일했다.

공업용지가 조성되자 부평에 공장을 건립하는 회사들이 이어졌고 그에 따라 부평에 유입되는 노동자들이 급증하였다. 1940년 4월 24일 자 『매일신보』에 따르면 그해 1~3월까지 3개월 동안 부평 소화정 인구만 6천 명이 증가했다고 한다.

공업용지와 더불어 조성된 주택지에는 이들 노동자들을 수용할 대규모 주택단지가 조성되었다.

특히 인천육군조병창의 주택문제는 심각했다. 당시 조병창에 근무하는 조선인 노무자 수가 수만 명에 육박하고 있었기 때문이다.

국가기록원의 소장 자료 중 인천육군조병창에 동원된 조선인 명부인 '유수명부'와 '임시군인군속계'에 수록된 조선인은 중복을 포함하여 총 12,584명이다. 기록에는 '공원(工員)'으로 기재되어 있으나 전원 군무원(군속)이다.

급속하게 늘어나는 노무자를 수용하기 위해 숙소 건립이 긴급했다. 1940년 7월 18일 설립된 경인기업주식회사는 주택지로 구획된 산곡동 3만 4천 평(약 1만 3천 제곱미터)을 매입하여 이곳에 조병창 노무자 주택과 일반 주택 건설계획을 수립하고 1천 개 동 건설에 들어갔다. 그러나 공사가 70% 정도 진행되는 과정에서 자금난에 빠져 결국 1943년 이미 건립된 704개 동과 부지를 조선주택영단에 일괄 매각했다.

조선주택영단은 특수법인으로 조선총독부가 조선공업화정책에 따른

산곡동에 건립된 노무자 주택. 좌측은 일본식 줄사택형 주택(조선주택영단 건설)이고, 우측은 경인기업주식회사가 건설한 'ㄱ'형 한옥형 노무자주택이다.
출처: 부평역사박물관

노무자의 도시 집중과 주택난을 해소하기 위해 일본주택영단(1941년 5월 창립)을 참고하여 같은 해 7월 조선에 설립한 조직이다. 설립 당초 주택건설

산곡동 영단주택의 현재 모습

영단주택 내 백마시장의 모습

4개년 계획하에 경성을 비롯한 19개 도시에 2만 채를 건설할 예정이었다. 그러나 일제 말기 자재 부족 등으로 인해 실제 건설한 주택은 1만 채에 불과했다.

조선주택영단이 산곡동에 건설한 주택은 6호 연립주택 36개 동으로 216가구의 노무자를 수용하였다. 조선주택영단이 건설한 주택은 경인기업주식회사가 건설한 'ㄱ'형 한옥과 달리 줄사택형 일식 주택이었다.

조선주택영단이 건설했다 하여 일명 영단주택으로 불리는 산곡동 주택은 당초 조병창 노무자의 숙소로 건설되었다가 광복 후에는 애스컴 시티에 근무하는 한국인 종업원의 거주지가 되었다. 1973년 애스컴 시티가 해체된 후에는 대우자동차와 한국베어링에 근무하는 근로자의 거주지가 되기도 했다.

산곡동 영단주택도 재개발이 확정되어 조만간 전부 해체될 예정이다.

9

최대 난관은 인력 동원: 모집, 관알선, 징용

    일제는 중일전쟁이 발발하자 1938년 4월 1일 '국가총동원법'을 제정하여 전쟁수행에 필요한 물자, 자금, 인력을 국가의 명령으로 총동원할 수 있는 법적 기반을 마련하였다. 일본'제국'에 강제편입된 조선에서도 군인·군무원(군속), 노무자, 일본군'위안부' 등으로 인력이 강제동원되었다. 아시아·태평양전쟁 시기 조선인이 입은 인적 피해는 〈표 12〉와 같다.

    군인·군무원(군속), 노무자로 동원된 사람만 헤아리면, 조선인 동원은 연인원 780만 명에 육박한다. 조선인이 동원된 지역은 한반도 내는 물론이거니와 일본'제국'의 침략의 손이 뻗쳤던 지역 모두에 걸쳐 있었다. 노무동원은 한반도 내에서만 약 648만 명으로 한반도 외로 동원된 약 104만 명을 압도하고 있었다. 한반도 내 동원된 인원은 근로보국대로 지역의 작업장에 편입된 경우가 가장 많았다.

    인천육군조병창도 많은 수의 노무자가 필요했는데 기술자, 관리자를

<표 12> 동원 유형별 강제동원 피해 현황

(단위: 명)

유형	구분		동원자 수	소계
군인	한반도 내		51,948	209,279
	한반도 외		157,331	
군무원(군속)	한반도 내		12,468	60,668
	한반도 외		48,200	
노무자	한반도 내	도내 동원	5,782,581	6,488,467
		관알선	402,062	
		국민징용	303,824	
	한반도 외	국민징용	222,217	1,045,962
		할당모집, 관알선	823,745	
계				7,804,376

출처: 국무총리소속 대일항쟁기강제동원피해조사및국외강제동원희생자등지원위원회, 『위원회 활동 결과보고서』, 2016, 135쪽.

제외하고 대부분은 조선인으로 충당했다. 노무인력을 충당하기 위한 수단으로 관알선, 징용, 학도동원 등의 방법을 활용했다. 일본 방위성 방위연구소에 소장되어 있는 극비문서 「1945년 3월 예하 부대장 회동 시 병기 생산 상황보고」(이하 '상황보고')에는 이와 같은 내용이 자세하게 기록되어 있다.

  (1945년) 3월 1일 현재 노무자는 약 1만 1,300명으로 내지인은 약 12%를 차지한다. 1945년도 노무요원은 제2제조소 신설 요원 약 1,500명, 지하공장 등에 따른 임시 요원 약 3,500명, 계 약 5,000명의 증원 및 결원 충원을 위해 약 3,000명, 총계 약 8,000명 취득이 필요하며, 그중 지하공장 등에 요하는 임시 요원은 전원 징용에 의하고 기타는 관알선 및 학도동원에 의해 충족하도록 시책 중이다.

위 문서는 1945년 3월부터 인천육군조병창 중 본부와 제1제조소가 위치한 인천 부평 인근에 실포 제조의 지하공장(장래 제2제조소)을 건립, 그에 필요한 노무 인력을 포함하여 충원 계획을 보고하고 있다.

이 문서를 통해 먼저 1945년 3월 당시 인천육군조병창의 인력 규모를 확인할 수 있다. 이미 가동 중인 인원이 11,300명으로 그중 일본인 약 12%인 1,300명을 제하면 조선인은 1만 명이었다. 조선인은 추가로 8,000명을 동원하고 여기에 학도동원을 포함할 계획이었으므로 전체 조선인은 약 2만 명에 육박했다고 볼 수 있다. 조선인 노무자 충원 계획은 〈표 13〉과 같았다. 단, 기존 인원에 더해 충원하는 인력임에 주의해야 한다.

〈표 13〉 1945년도 요원 충원 계획표(공원)

(단위: 명)

지구	동원방법	신규보충	제1기 (4월~6월)		제2기 (7월~9월)		제3기 (10월~12월)		제4기 (1월~3월)		계	
			신규	보충	신규	보충	신규	보충	신규	보충	신규	보충
인조(仁造)	징용	남	3,500								3,500	
	일반	남	1,000	600	300	600		800		600	1,300	2,600
		여	200	100		50		80		80	200	310
	학도	남	300	150		200				450	300	800
		여	300								300	
	여자정신대											
	계	남	4,800	750	300	800		800		1,050	5,100	3,400
		여	500	100		50		80		80	500	310

평제(平製)	징용	남									
	일반	남	200	300		200		300		200	200	1,000
		여	100	50				50		50	100	150
	학도	남		200	100						100	200
		여										
	여자정신대											
	계	남	200	500	100	200		300		200	300	1,200
		여	100	50				50		50	100	150
합계	징용	남	3,500							3,500		
	일반	남	1,200	900	300	800		1,100		800	1,500	3,600
		여	300	150			50		130		130	300	460
	학도	남	300	350	100	200				450	400	1,000
		여	300								300	
	여자정신대											
	계	남	5,000	1,250	400	1,000		1,100		1,250	5,400	4,600
		여	600	150			50		130		130	600	460

* '인조(仁造)'는 인천육군조병창의 약칭이며, 본부와 제1제조소로 구성되어 있다. '평제(平製)'는 평양제조소를 의미한다.

출처: 仁川陸軍造兵廠, 「隷下部隊長会同の際の兵器生產狀況報告」, 일본 방위성 방위연구소

인천육군조병창은 학도동원의 이름으로 남녀 학생들을 노무 인력으로 충원하려고 하였다. 학도동원은 병력과 노무동원으로 청장년층이 거의 바닥을 치는 상황에서 불가피한 선택이었다. 1944년 5월 최초로 인천육군조병창으로 학도동원이 시행되었다. 당시 제1차로 경성공업, 인천중학, 인천상업, 인천공업, 인천고녀, 소화고녀 등 6개교에서 360명의 학생들이 동원되었다. 이 학생들의 입창식을 언론에서도 대대적으로 보도했다.

『매일신보』는 1944년 5월 10일 자 1면 톱으로 "반도 학도동원 제1회 발동, 인천조병창에 입창"이라는 제목으로 다음과 같은 사실을 전했다.

『매일신보』 1944년 5월 10일 자 1면(왼쪽)과 3면(오른쪽)에 실린 학도동원 기사

출처: 『매일신보』, 1944. 5. 10.

    결전비상조치요강에 기초한 학도동원은 8일 제30회의 대조봉대일(大詔奉戴日, 1941년 12월 8일 개전일을 기념한 전의앙양의 국민운동. 매월 8일)의 가일을 맞이하여 인천육군조병창에 조선에서 처음으로 실시되어 이날 경성공업, 인천중학, 인천상업, 인천공업, 인천고녀, 소화고녀의 6개 남녀 중학교 생도 360명의 학도가 우리 손으로 숙적 미영격멸의 결의에 불타며 역사적인 입창식을 거행하였는데, 식상에서 조선총독부 학도동원본부장 다나카(中田) 정무총감, 나카이(中井) 조선군 병무부장, 와케(和氣) 조병창장은 다음과 같은 축사와 훈시를 하여 일층 학도의 약기(躍起)를 촉구하였다.

일본 정부는 1944년 3월 7일 「결전비상조치에 따른 학도동원실시요강」을 각의 결정하고 이 조치를 3월 18일 조선에도 적용했다. 그 취지는 "원칙적으로 중등학교 정도 이상에 대해 앞으로 1년간 상시 근로시키고 기타 비상임무에 출동시킬 수 있는 조직적 태세"를 갖추기 위함이었다. 학도동원을 장기적으로 실시해야 할 만큼 인력 동원이 다급했음을 말해 준다.

1945년 3월 「상황보고」에서도 학도동원의 전망을 다음과 같이 기술하고 있었다.

조선은 종래 노무 요원의 급원지로 임해 왔으나 전국에 대처하여 내지, 남만주 및 군요원으로 공출되는 자가 이미 약 9십만 명에 달했다. 더욱이 전국에 수반하여 부흥하는 조선 내 생산확충공업에의 흡수, 만주개척민, 그리고 금년도부터 시행되는 징병제 등에 의해 최근 현저하게 궁핍을 고하기에 이르렀다. 학도동원 이용에 대해서는 이를 더욱 활발화 시킬 필요를 인정하여 1945년도에는 현재 학도 수를 확보함과 동시에 신설 제조소 요원으로 약 600명(남 300명, 여 300명)의 증원을 수배 중이다. 장래는 학도로 하여금 종업원의 절반을 충족시키도록 기획하고 있다. 3월 1일 현재 동원 학도 수는 약 930명으로 인천 및 경성의 주요 중등학교는 거의 동원한 상태이다.

인천육군조병창 부평 본부와 제조소에 경성, 인천의 학생들을 이미 동원한 상태인데, 앞으로 그 수를 종업원의 절반에 이르기까지 충원하겠다는 계획이었다. 청장년층을 대신하여 이제 학생들이 인력 동원의 중추를

기능자양성소에 입소한 양성공들 사진(이범영 기증)

출처: 국립일제강제동원역사관

구성하게 된 것이다.

기능자 양성공을 모집하여 충당하는 경우도 있었다. 양성공들은 기술 습득은커녕 부품을 제작하는 작업 현장에 투입되어 생산량을 채워야 했다. 이와 같은 사실은 국사편찬위원회가 간행한 『일제의 강제동원과 인천육군조병창 사람들』(2019)에 수록된 12명(김우식, 지영례, 최덕원, 왕명근, 장화두, 김상현, 윤용관, 김학수, 변명식, 유만종, 오상기, 전진수)의 구술에서도 상세하게 나와 있다.

그런데 전시체제니까 전부 총동원령이 내렸으니까 총독부에서. 그때 그래가지고 학교 공부는 다 때려치우고 조병창 저 공장으로다 배치되는 거지(김상현).

3개월 그냥 훈련도 훈련 받는 것도 아니고, 공장에 내몰아서 견학하다시피 하고 배우고 이리고서는 3개월 마쳤는데, 그런데 3개월 마쳤어야 기술이라는 것은 아무 것도 안 배워 가지고, 한 가지 딱 하는 거, 총 방아쇠 만드는 거 그 한 가지만 한다고 말한 거야. 더 이상 배우게 해 주지도 않고 이것저것 거기서 일본 애들이 시키지도 않고, 그리고 총을 구구식 장총이라는 걸 만들었는데, 몇 정을 만드는지도 모르고 어떻게 만드는지도 이런 것도 숫제 우리는 알 길이 없었고(김우식).

기능자양성소라 해도 기술을 연마하는 곳이 아니라 단기간에 작업방법을 습득시켜 곧바로 생산에 투입하는 상황이었다.

조선인의 노무동원을 이해할 때 조심해야 하는 부분이 있다. 조선인의 노무동원은 모집, 관알선, 징용의 세 가지 방법에 의하며, 모집 → 관알선 → 징용의 단계로 강화되어 간다는 인식이다. 다시 말하면, 처음에는 1939년에 모집으로, 그것이 녹록치 않아 1942년에 관알선으로 했다가 마지막에 1944년 징용으로 끌고 갔다고 보는 시각이다. 그러나, 강제동원은 동원방식이 문제가 아니다. 동원지에서의 생활, 환경, 처우, 귀환 등 노동생활 전체가 핵심이다.

모집, 관알선, 징용을 강제성의 단계적 강화로 이해하면, 첫째, 모집은 상대적으로 강제성이 약한 동원방식으로 생각하여 자칫 강제동원이 아니라는 오해를 불러오고, 둘째, 모집, 관알선, 징용을 단절된 동원방식의 이행으로 이해할 수 있다. 하지만 그렇지 않았다.

후쿠오카현과 구마모토현에 걸쳐 있는 미쓰이(三井) 미이케(三池)탄광은 일본 3대 재벌 중 하나인 미쓰이계열로 전시기에 조선인을 탄광노동자로 강제동원한 대표적인 기업이다. 미쓰이 미이케 만다(萬田)광은 메이지 산업유산의 하나로 세계유산에 등재까지 되었다. 〈표 14〉는 이 탄광의 조선인 강제동원방식별 실태를 정리한 것이다.

〈표 14〉 미쓰이 미이케탄광의 '입소 경로'별 동원 시기

입소 경로	1942년	1943년	1944년	1945년
모집	3월·5월·6월·7월·8월·9월·10월·11월	1월·2월·3월·4월·5월·6월·7월·8월·9월·10월	1월·2월·6월	–
관알선	2월·9월·11월·12월	4월·8월·9월·11월	1월·2월·3월·4월·8월·12월	–
징용	–	–	4월·6월·7월	1월·4월

출처:「朝鮮人労働者に関する調査結果(조선인 노동자에 관한 조사 결과)」. 국가기록원

미쓰이 미이케는 1942~1944년에 모집, 관알선을 동시에 사용하였으며, 1944년에는 모집, 관알선, 징용을 모두 사용하여 조선인을 동원하였다.

인천육군조병창 또한 미쓰이 미이케와 마찬가지로 인력 충원을 위해 학도동원, 관알선, 징용을 총가동하고 있었다. 다시 말해서 인력을 끌어올 수 있는 수단이라면 뭐든 가동시켰다는 것이 당시 상황이다. 모집, 관알선, 징용을 단계별로 나누어 사용한 것이 아니다.

10
'일시동인', '내선융화'에 숨겨진 민족 차별

* 일시동인(一視同仁): 모두를 평등하게 차별 없이 처우한다는 의미
  내선융화(內鮮融和): 일본인과 조선인이 서로 조화롭게 섞인다는 의미, 실제로는 조선인을 일본인으로 동화시키는 것을 의미한다.

병기 생산에는 일정 수준의 기술이 필요했다. 그렇기 때문에 조병창 편제에서 보는 바와 같이 기능자양성소를 두고 있었다. 자체적으로 작업에 필요한 기술을 습득, 연마시켜 필요한 공정에 투입하고 있었던 것이다.

조선인 소년들에게 기능공은 매력적인 것이었다. 특수한 기술을 몸에 익힐 수 있으며, 상급학교로의 진학도 가능하다고 들었기 때문이다. 징병이나 징용 통지가 언제 나올지 모를 전쟁의 어수선한 분위기 속에서 위험

인천육군조병창에서 견습 직공을 모집한다는 기사
출처: 『매일신보』 1941. 11. 18.

한 일본 '본토'로 끌려가는 일을 피할 수 있을 것 같기도 했다. 그리하여 신문 광고를 통해 알거나 선생님의 추천을 받아 신청서를 제출했다.

『매일신보』 1941년 11월 18일 자에는 인천육군조병창에서 견습 직공을 모집한다는 기사가 보도되었다. 인천육군조병창이 개창한 날이 같은 해 5월 5일이니 개창한 지 얼마 지나지 않은 시점이다. 모집 내용은 다음과 같다.

一, 응모 자격 만 16세부터 20세까지의 남자로서 국민학교 수료자
一, 제출 서류 이력서 2통, 사진 2통
一, 대우 초급은 표준임은(標準賃銀)에 준거함. 3개월 후는 약 41원, 매년 2회의 승급, 내지인은 6할의 가급(加給)
一, 응모 기한 11월 말일까지
一, 전형 기일 12월 상순 예정
一, 숙사에 수용하며 복리시설도 있음

기사를 읽어 보면 16세 이상의 청소년을 견습 직공으로 모집하되, 연간 두 차례의 승급이 있고 기숙사와 복리시설 제공이 따른다는 내용이다. 다만, '내지인'을 특별 취급하고 있었다. '내지인'이라 함은 일본'제국'의 본토 출신자, 즉 일본인(일본민족)을 의미한다. 일본인을 제외한 본토 외의 지역인은 '외지인'이었다. 조선, 가라후토(樺太, 남사할린), 대만, 남양군도 등이 해당된다. 기사 내용으로 보건대 응모 자격에 '내지인'과 조선인을 구별할 특별한 사항이 없다. 그저 '내지인'이기 때문에 조선인보다 임금을 60% 더 지급한다고 할 뿐이었다.

일제강점기 당시 조선인과 일본인 사이의 민족 간 차별은 일상적이었다. 조선인이 일본인과 동등하게 취급되는 경우는 없었다. 특히 일본 '본토'의 경우가 심각하여, 도일한 조선인은 주택 차별로 거처를 마련할 수가 없었다. '개와 조선인 사절'이라는 표찰이 붙어 있는 곳도 있었다. 심지어 도움의 손길이 절실한 빈곤자 구호에 있어서도 엄격한 차별의 잣대가 적용되었다. 조선인을 '일본인'으로 대우한 경우는 대외 교섭이나 의무이행 시의 얘기로, 일상에서는 늘 '조선인', '반도인(한반도 출신자라는 뜻)'으로 구별되었고, 그 뒤에 차별이 따랐다. 이렇다 보니 일본인과 조선인이 섞이는 일은 없었다.

숙소에서도 조선인은 일본인과 차별되었다. 〈표 15〉와 〈표 16〉의 직원과 공원 숙소는 1945년 신축 예정이었는데, 계급별로 면적에 차등이 있듯이 조선인과 일본인 간에 엄격한 차이가 있었다.

〈표 15〉 직원숙소

(단위: 제곱미터)

구분		호수(호)	1호당 소요 면적	소요 면적	구조	완성 기일
고등관	좌관 단독	20	77	1,540	목조 페치카	9월 말일
	위관 단독	30	63	1,890	〃	
	계	50	-	3,430		
판임관 고원	준사관 단독	10	63	630	목조 온돌	9월 말일
	하사관 단독	30	49	1,470	〃	
	고원 단독	10	31.5	315	〃	
	계	50	-	2,415		
총계		100		5,845		

출처: 仁川陸軍造兵廠,「隸下部隊長会同の際の兵器生産状況報告」, 일본 방위성 방위연구소

〈표 16〉 공원 숙소

(단위: 제곱미터)

구분		호수(호)	1호당 소요 면적	소요 면적	구조	완성 기일
단독 숙소	내지인	200	31.5	6,300	목조 온돌	10월 말일
	조선인	500	15.0	7,500		11월 말일
	계	700	-	13,800		
합동 숙소	남	300	8.5	2,550	목조 온돌	6월 말일
	여	500	8.0	4,000		6월 말일
	계	800	-	6,550		

출처: 仁川陸軍造兵廠, 「隷下部隊長会同の際の兵器生産状況報告」, 일본 방위성 방위연구소

우선 직원과 공원 간에는 숙소 면적에서 차이가 있었다.

직원 숙소의 경우, 일본 육군의 계급에 따라 규모가 달랐다. 장교급인 고등관의 경우 좌관(영관급)은 1호당 77제곱미터이고, 위관은 63제곱미터로 준사관과 동일했다. 하사관은 준사관보다 작은 49제곱미터이고, 군에 고용된 고원이 31.5제곱미터(9.5평)로 가장 작았다.

그런데 공원의 경우 가장 넓은 면적이 직원의 가장 작은 면적과 같았다. 이것도 일본인의 경우에 해당하는 것으로 같은 공원이라고 해도 조선인은 일본인 공원숙소의 절반 이하인 15제곱미터(4.5평)였다. 같은 공원이라고 해도 일본인과 조선인 간에는 엄밀한 차별이 있었다. 일본인 공원이 조선인 공원보다 능력이 월등히 좋았기 때문도 아니었다.

역시 일본 사람들도 이 공장에 있으니까 사람이 뭐라고 하냐 하면 저, 항시 떨어지는 사람 있잖아. … 아 역시 일본 놈들도 기름칠하고 못난 놈

들도 있구나 말이야. 그렇게 더러 있고 그러더라고(김상현).

그래가지고 여기저기 다니면서 공장도 구경도 못하고 아주 엄격하게 제한되어 있어. … 엄격하게 그래가지고, 저 사람들 맘대로 활동도 못하게 하고, 사는 데도 아주 완전히 구분되어 있었어. 조선 사람 사는 데하고 일본 사람 사는 데하고는 완전히 구분되어 있었어(김우식).

'일시동인(一視同仁)', 즉 조선인도 천황의 신민으로서 일본인과 동등하게 대우한다는 말은, 현실적으로 그렇지 않기 때문에 주창된 말이다. '내선융화(內鮮融和)', 즉 '내지인(일본인)'과 조선인이 서로 이해하고 융화하자는 말 또한 마찬가지다. 그리고 일제는 '일시동인'과 '내선융화'를 내세우며 조선인으로 하여금 '황민화', 즉 일본인이 되기를 강요했다. 역설적으로 말하자면, 조선인은 일본인이 아니라는 이유에서 차별받고, 이 차별에서 벗어나기 위해서는 '황민화', 곧 일본인이 되어야 하는데, 조선인으로 하여금 끊임없는 충성을 유도하려는 일제로서는 차별은 필수불가결했다. 따라서 조선이 일본 '제국'에 예속되어 있는 한 차별에서 벗어날 방법은 없었다.

II

리틀 도쿄조병창

1
제2의 도쿄조병창

1941년 12월 7일, 일본이 미국령 하와이의 진주만을 기습공격함으로써 미국과의 전면전이 개시되었다. 이 공격으로 미국은 진주만에 정박 중이던 7척의 전함 중 5척이 격침되는 피해를 입고, 200여 대의 항공기 파괴와 2,000명 이상의 사망자를 냈다.

그러나 일본군은 1942년 미드웨이 해전의 패배로 승기를 놓치게 되고 1944년 6월 마리아나 해전의 패퇴로 궁지에 몰렸다. 반대로 마리아나제도를 손에 넣은 미군은 일본군이 구축한 비행장을 이용하여 일본 '본토'에 대한 대대적인 공습을 감행했다. 1944년 11월 도쿄 야간 공습이 개시된 이후 공습의 빈도가 점점 많아졌다. 공습 지역은 도쿄 외 나고야, 오사카, 나가사키, 후쿠오카 등 일본 본토 전역으로 확산되었다. 공습의 주요 타깃은 항공기제작소 등 군수공장이었다. 미군이 사용한 무기는 M69 등의 소이탄이었다. 일본의 건축물이 기후와 자연조건에 적합하게 나무로 만들어진 점에 착안하여 화염방사기에 사용되는 네이팜이 들어간 소이탄으로 일본 시가지를 불사를 목적이었다.

소이탄의 공포와 위력은 『반딧불이의 무덤(火垂るの墓)』이라는 소설[1967, 노사카 아키유키(野坂昭如) 지음]과 애니메이션[1988, 다카하타 이사오(高畑 勳) 연출]으로 널리 알려져 있다. 1938년 나고야시에서 출생한 고스기 구니오(小杉邦男)도 소이탄 공격의 충격을 생생하게 기억하고 있었다. 소학교 1학년생이던 그는 1944년 어느 날, 자고 있던 자신을 깨우며 절규하던 어머니의 모습을 80년 가까이 지난 지금도 선명하게 기억하고 있었다. 어머니는 두 살짜리 동생을 업고 네 살짜리 동생을 한 손에 잡은 채 방공호로 대피하기 위해 자고 있던 고스기를 다그치듯 깨웠다. "빨리 서둘러, 안 그러면 다 죽어"라며 절규하던 어머니의 모습과 불바다가 된 나고야시의 모습이 오버랩되어 고스기의 머릿속을 떠나지 않았다. 그는 그 선명한 기억을 하이쿠(俳句: 일본 특유의 짧은 시)로 남겼다.

急げ死ぬ　母の叫びは空襲のまわり火のなかいまも聞こゆる

서둘러 (안 그러면 모두) 죽어. 어머니의 절규가 공습의 불바다 속에서 지금도 들려온다.

출처: 일본 사도시(佐渡市) '따오기 마을 원기관'에서 개최한 '溪山書展'에 전시된 작품

나고야시에는 미쓰비시중공업 항공기제작소가 위치하고 있었다. 이 공장에서는 한때 연합군을 파죽지세로 격파하며 제공권을 장악했던 '제로센(零戰)' 전투기를 생산하고 있었다. 기록에 따르면 1944년 12월에 나고야시에 소재한 미쓰비시 중공업을 목표로 한 나고야시 최초의 공습이 시작

되었다고 한다. 고스기 구니오가 경험한 공습은 아마 이 무렵의 공습을 말하는 게 아닌가 싶다.

공습의 위험을 감지한 육군조병창은 공습에 대비하여 위험 지역의 시설을 소개(疏開: 공습에 대비하여 분산하는 일)하기 시작했다. 특히 도쿄육군조병창은 길을 사이에 두고 도쿄제1육군조병창(오지구 소재)과 도쿄제2육군조병창(이타바시구 소재)이 마주하고 있어 매우 위험했다.

도쿄제1육군조병창은 공습에 대비하여 설비 이설 계획을 수립하고 1945년 3월 육군행정본부 예하 부대장 회동 시 보고에서 그 계획을 아래와 같이 밝혔다.(東京第一陸軍造兵廠,「陸軍兵器行政本部長隷下部隊長会同狀況報告」1945. 3. 13)

1. 4월 말 완료를 목표로 다음과 같이 소개를 강행한다.
   (1) 실포(철 약협) 월 생산 150만 발분의 설비를 인천에 이주(1945. 2. 24. 兵政造密제824호에 의함)
   (2) 센다이(仙臺)제조소 내에서 분산 배치 전환[오타미(大田見)지구에서 다하라(田原)지구로의 분산을 우선 실시]
   (3) 가와고에(川越)제조소 보관 전약[塡藥: 발사용 탄약을 약협(탄피) 속에 채우는 작업] 장탄기(裝彈器: 탄알이나 포탄을 재는 기구나 장치) 약 절반을 내탄공실(耐弾工室) 내로 배치 전환
   (4) 오미야(大宮)제조소 내 기계, 내탄방호시설 증강 및 일부 창고의 근교 소개
2. 5월 말 완료를 목표로 다음과 같이 소개를 실시한다.
   (1) 주조(十條) 구내 항공 20밀리 약협 설비 약 절반을 스즈메노미야(雀宮)로 이입

(2) 가와고에의 대략 5분의 1을 지상 야전건축방식으로 사이타마현(埼玉縣) 가스미가세키(霞ヶ関) 부근에 건설하여 화구류 증산 및 공습 피해 시 이전에 대비한다. (굵은 글씨는 필자)

"월 생산 150만 발분의 설비를 인천에 이주"라는 문구에서 '인천'은 인천육군조병창을 의미한다. 극비문서 「이설 분산 및 방호 등 진척 상황」에 따르면, "대륙자급자족태세 확립을 위해 실포 월 생산 150만 발 생산 설비를 동일조(東一造, 도쿄제1육군조병창의 약칭)에서 인조(仁造, 인천육군조병창의 약칭)로 이설하라는 명령을 받고"라고 되어 있다. 다시 말해서 도쿄제1육군조병창의 실포공장을 인천육군조병창으로 소개한다는 방침인 것이다.

지하공장 건설

실탄을 생산하는 실포 설비는 지상과 지하로 나누어 분산하는 것으로 하였다. 또한 신속한 생산 개시를 위해 기존 조병창 시설을 알차게 활용하는 계획도 수립되었다. 이 방침에 따라 〈표 17〉과 같이 기존 시설의 재배치가 단행되었다.

인천육군조병창 내 기존 시설의 재배치 계획에서 주목되는 것이 몇 가지 있다.

첫째, 조병창 본부의 각자(부서) 이전 장소가 의무과, 즉 조병창 병원 건물로 설정되었다는 것이다. 현재 남아 있는 병원 건물을 제외하고 본부는 어디에 위치했는지 설왕설래해 왔는데, 적어도 1945년 3월부터는 조병창 병원 건물을 동시에 본부 건물로 이해해도 된다. 인천육군조병창은 설계 당시 소총과 총검을 주력으로 하되 장래 실포 생산도 염두에 둔다

<표 17> 기존 시설의 재배치 계획

(단위: 제곱미터)

현 부서 공장명	면적	이전 장소	면적	이전 실시 기일
의무과	6,114	소화여학교	2,599	3. 15~3. 20
본부 각 과*	4,767	의무과	6,114	3. 20~3. 25
제1제조소 사무소**	3,153	서무과, 회계과	1,519	3. 25~3. 30
제품창고		총상공장 동측 창고	504	3. 1~3. 20
연마공장***	900	판금공장 1, 2층 공지	800	3. 1~3. 20
조립공장	2,154	연마공장	900	3. 20~4. 10
회계과 창고1동	1,300	신설창고		3. 1~3. 20
회계과 가설창고				3. 1~3. 30

*공영회(共榮會)를 포함함
**검사계를 포함함
***샌드블라스트는 제외

출처: 仁川陸軍造兵廠, 「移設分散及防護等ノ進捗狀況」. 일본 방위성 방위연구소

고 하여 100만 평(약 330만 제곱미터) 규모로 출발하였는데, 도쿄제1육군조병창의 실포 설비가 이전함으로써 비로소 그 역할을 부여받게 된 셈이다. 그런데 실포 설비가 인천으로 이설되어 조병창 생산업무가 확대되는 만큼, 그에 따른 행정업무도 확대되어 기존 시설만으로는 소화하기 어려웠다는 실정이 고려된 것으로 보인다.

둘째, 이전 대상 부서 내역을 통해 당시 조병창 제1제조소의 내역을 엿볼 수가 있다. 예를 들면 연마공장, 조립공장, 총상(개머리판)공장, 판금공장의 4개 공장이 확인된다. 조병창에 동원되었던 생존자 중에는 3개 공장이 있었다고 기억하는 경우가 있다. 공장의 개념을 작업공정으로 볼 것인지, 생산시설로 볼 것인지에 따라 다소 차이가 있을 수 있는데, 문서를 통해 최소 4개의 공장(공정)이 가동되고 있었던 사실이 확인된다.

도쿄제1육군조병창의 실포 설비는 1945년 4월 중에 발송하여 5월 중에는 도착한다는 계획으로 인천의 실포공장 건립이 추진되었다. 그 구체적인 실시 요강은 아래와 같았다.

병기생산시설 이설 분산 방호 실시 요강

인천육군조병창
1945. 2. 29.

제1방침
전국의 현 정세에 즉응하고 내지로부터 이설하는 생산 설비를 신속하게 생산에 투입시킴과 동시에 그 이설 설비 및 현존 생산 설비를 분산 방호함으로써 공습 피해를 감소시켜 자급자전의 태세를 확립하고자 한다.

제2요강
1. 이설 설비는 전국상 신속하게 바다를 건너 조선 땅에 옮기고 이를 인천 구내에 수용하여 쇼와 20년(1945년) 6월 내지 7월 사이에 생산에 투입할 수 있도록 한다.
2. 이설 실시는 신설(新設)로 하고, 이를 극력 지하시설로 한다. 그게 어려울 경우에도 내폭(耐爆) 구조, 분산 배치 방식을 취한다. 단, 생산 개시를 신속하게 하기 위하여 우선 전력을 다해 인천 구내 및 부근 기존 건물을 이용함과 동시에 제조용 자재, 반제품을 적어도 20년도(1945년도) 계획량 이상 보전한다.
3. 인천, 평양 양 구내 현존 생산 설비 중 동력원 및 중요 기계의 방호 강화를 촉진한다.
4. 자재, 수송, 공사능력 등을 감안하여 실시 범위, 순서를 엄밀하게 규정하여 중점적으로 실시한다.
5. 인원 방호에 대해서도 특단의 조치를 고려할 것.

6. 생산을 위해 간부 이하 기간 인원은 동일조에서 그 30% 이상 전출을 받고 기타 일반공원은 가능한 한 모 기간 동안 당청에 파견을 받는다. 이후 공원은 반도 공원 및 동원 학도를 주체로 한다.
한편, 일부 기간 공원·요원 자격으로 긴급히 동일조에 파견하여 교육을 위탁한다.
7. 이설 설비의 부대 설비에 대해서는 다음과 같이 한다.
　(1) 숙소는 이를 신설한다.
　(2) 가스 설비는 현재의 경성전기 설비를 이용하고 이를 분산 확장한다.
　(3) 용수는 인천수도를 사용함과 함께 경기도 공업수도 설비 촉진을 꾀하고 또한 착정(鑿井: 우물을 팜)에 의한다.
　(4) 전기는 현재의 수전 설비에 의하며 일부를 **지하 변전소로 하여 증설한다.**
　(5) 지하공장에 대한 난방은 전기 난방으로 하고 최소한에 그친다.
　(6) **교통 운반 시설**에 대해서도 확장 신설한다.
　(7) **진료 지하시설**을 신설한다.
8. 이설 설비 등 **수송경로는 도쿄-고베**(神戶)**-부산-인천으로 하고, 수송 기**간을 단축하기 위해 때를 놓치지 않도록 주도면밀한 계획을 입안하여 발송 개시 시기를 적절하게 한다.
9. 자재는 원칙상 선만(鮮滿) 자급으로 한다.
10. 시설의 계획 실시에 있어서 학계·업계 권위자의 기술을 이용하도록 노력하고 군대의 협력을 받는다.
11. 실시 순서 및 시기는 다음과 같이 산정한다. (밑줄 및 굵은 글씨는 필자)

출처: 仁川陸軍造兵廠, 「移設分散及防護等ノ進捗狀況」, 일본 아시아역사자료센터

위의 실시 요강에 비추어 기존 시설의 재배치와는 별개로 이설할 실포 설비는 지상과 지하로 신설할 계획이었음을 알 수 있다.

월간 실탄 150만 발을 생산하기 위한 설비의 규모가 지하설비는 총 5,710제곱미터, 반지하설비는 4,380제곱미터였다. 특히 지하시설은 모두

'수도식(隧道式)', 다시 말해서 터널식으로 하는 것을 원칙으로 하였다.

그리고 반지하시설은 내탄식(耐彈式)으로 하고, 지상시설은 가능한 한 방탄식 또는 내공(耐空) 차폐(遮蔽)식으로 하였다. 이는 향후 벌어질 수 있는 미군의 폭격에 대비한 것인데, 따라서 지하설비 중에서도 반지하시설은 전부 무근 콘크리트나 철근 콘크리트로 만들어 공습에 대비하였다. 지하에는 진료시설을 별도로 고려하는 것으로 되어 있어 조병창 병원 외 진료소를 증설하고자 했던 것으로 판단된다.

〈표 18〉 월 실포 150만 발 생산을 위한 설비 내역

(단위: 제곱미터)

구분	공장	면적	구조	비고
지하설비	지금*	3,030	선분(選分)공장만: 무근 콘크리트	반지하
	탄환	2,610	단침세척공장만: 철근 콘크리트	단침세척공장 반지하
	약협	2,220	단침세정공장만: 철근 콘크리트	단침세정공장 반지하
	전약	1,460		
	공구	1,470	단공조□공장만: 철근콘크리트	단공조□공장 반지하
	제품	300	철근콘크리트	제품창고 반지하
	계	11,090		
지상설비	지금	1,100	목조	재료보관소: 무근 콘크리트
	탄환	490	목조	
	약협	490	목조	
	전약	720	목조	목공장: 무근 콘크리트
	공구	740	목조	재료잡품창고: 무근 콘크리트
	부대 설비	780	목조	기계부품창고: 철근 콘크리트
	본부	171	목조	공구보관소: 무근 콘크리트
	부대검사	531	목조	검사장: 무근 콘크리트
	계	5,022		

* 지금(ingot, 地金): 쇠 등의 금속을 나중에 가공 처리하거나 다시 녹여서 사용할 수 있도록 적당한 크기와 모양으로 만든 금속 덩어리.

출처: 仁川陸軍造兵廠, 「移設分散及防護等ノ進捗狀況」, 일본 방위성 방위연구소

지상설비라 함은 각 공장별 사무공간, 탈의실, 목욕탕, 화장실, 창고, 보관소 등을 의미하여 무기생산에 수반되는 각종 부대시설 및 편의시설임을 알 수 있다. 지상설비는 전부 목조로 제작하되, 재료, 공구, 기계부품 등을 보관하는 창고시설만 무근 혹은 철근 콘크리트로 조성하도록 계획되었다.

위의 계획대로라면 지하설비 중 반지하설비만 공습에 대비하여 콘크리트로 조성하고 지하공장은 콘크리트로 마감할 예정은 없었던 것으로 확인된다.

실포공장을 건설하는 데 필요한 인력은 조선에서 일반 징용 또는 보국대 조직을 통해 충원하는 것으로 하였다. 그 투입 인원에 대해서는 구체적으로 날짜와 인원을 명시하고 있었는데, 그 내역은 〈표 19〉와 같았다.

〈표 19〉 공사구역별 인력 투입 계획

(단위: 명)

구분 \ 날짜	3. 20	4. 5	4.10	4. 15	4. 20	4. 25	5. 1	5. 10	5. 20	계
지하공사	200		200		200		400	300	200	1,500
도로·수도·철도		300		300		400				1,000
숙사 건설		300		400		300				1,000
계	200	600	200	700	200	700	400	300	200	3,500

*지하공사의 경우 숙련광부 500명을 추가 투입

출처: 仁川陸軍造兵廠,「移設分散及防護等ノ進捗狀況」, 일본 아시아역사자료센터

〈표 19〉를 보면 3월 20일부터 5월 20일까지 2개월에 걸쳐 순차적으로 인력을 투입하여 총 3,500명 규모로 공사에 임한다는 계획이었다. 각 공사구역당 10일 간격으로 신규 인력을 투입하고 있는데, 전체적으로는

5일 간격으로 인력이 투입되는 상황이었다. '도로·수도·철도'와 '숙사 건설'은 모두 4월에만 인력을 조달하는 데 반해, '지하공사'는 3~5월까지 계속하여 동원할 계획이었다. 지하공장은 산을 관통하는 터널공사이자, 실포, 전약(塡藥), 지금(地金), 소총 공장 등 다양한 작업장이 필요하기 때문인 것으로 생각된다. 더욱이 터널작업에 적합한 숙련광부를 별도로 500명을 투입한다고 하니, 총 4,000명 규모의 인력 동원이 예정되었던 셈이다.

일제는 지하공장뿐만 아니라 자살 특공정 엄폐호, 지하 군사령부 등의 지하시설 조성이 급박해지자 숙련된 광부들을 기술자로 등록하여 통제하였다. 그리하여 전라남도 남해의 옥매광산 광부들은 제주도 해안 등지에서 동굴을 구축하는 일에 동원되었다. 경상남도 고성군 출신의 광부들도 1945년 2월경 일본 쓰시마(對馬) 섬의 군사시설용 동굴 구축에 동원되었다. 일본 사도(佐渡)광산에 동원된 광부들은 1945년 6월 '특별 정신대'라는 이름으로 후쿠시마현(福島縣), 사이타마현(埼玉縣) 지하공장(내탄 지하공장) 건립에 재배치되었다.

2
함봉산의 지하공장

　실포, 소총의 지하공장으로 낙점된 곳은 함봉산 일대였다. 함봉산은 인천육군조병창 서쪽에 위치한 곳으로 인천육군조병창 본부 및 제1제조소와는 지근거리에 있었다. 「실포 소총 이설 분산 방호 전개도(實包小銃移設 分散防護 展開圖)」라는 제목의 문서에는 지하공장의 위치, 내용, 부대시설 등이 상세하게 기록되어 있다.
　다음 지도에서 보면, ①은 소총 지하설비, ②는 실포 지금 반지하시설, ③은 전약 제품, 탄환, 약협 실포 지하시설을 의미한다. 지하공장 외 조병창을 감싸 안듯 조병창 북단에서 갈라져 나온 철로가 지하공장까지 연장되고, 공업수도와 주요 도로도 증설할 계획이었다. 부대시설로 고등관(장교급) 단독 숙사와 조선인 여자 공원 합동 숙사 건립이 계획되었다. 특히 고등관 단독 숙사의 증설은 도쿄제1육군조병창의 실포 설비 이설 시 "간부 이하 기간 인원은 동일조(도쿄제1육군조병창)에서 그 30% 이상을 전속(轉屬)"

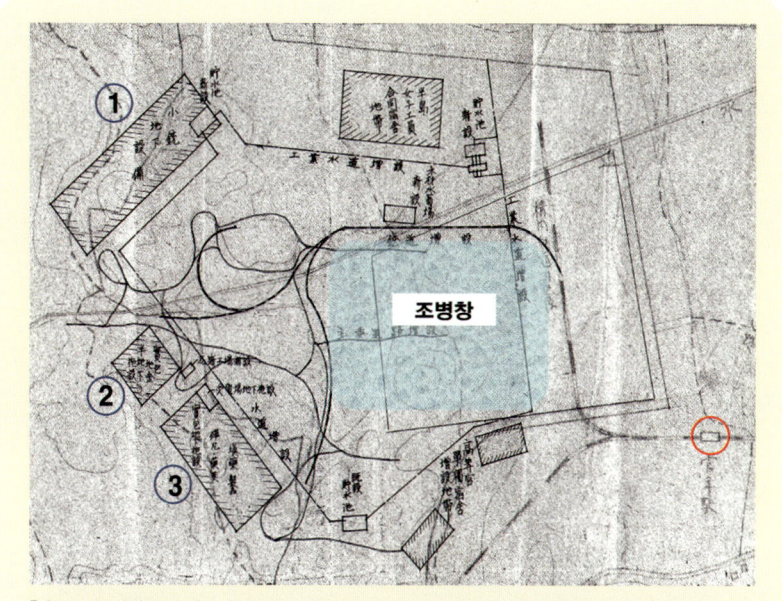

「실포 소총 이설 분산 방호 전개도」(일본 방위성 방위연구소). 붉은색 원은 부평역의 위치이다.

받는 데 따른 조치로 보인다.

계획은 얼마나 실행되었을까?

①은 실시 계획표상 3순위로, 실행에 옮기기 전에 패전에 이른 것으로 보인다. 일부만 착공됐을 가능성도 있다. 그러나 아직까지 확인된 지하공장은 없다(〈표 20〉 참조. 인천육군조병창 제1제조소 이전 예정).

②의 실포 지금은 실포 관련이므로 조성했을 가능성이 크다. 그러나 그 흔적을 발견하지 못했다.

③의 실포 지하시설은 실시 계획상 1순위로서 즉시 착공에 들어갔다고 판단되며, 실제 함봉산 일대에서 상당수가 발견되었다. 지금까지 확인된 동굴만 30여 개에 육박한다. 부평문화원이 2016년부터 '어르신

1948년에 촬영된 함봉산 일대의 모습. 노란색 원으로 표시한 곳이 지하공장 입구이고 앞의 막사는 캠프 그랜트이다.

출처: 부평역사박물관

함봉산 산기슭에서 발견된 지하시설의 입구(왼쪽)와 내부(오른쪽)

문화콘텐츠 사업'의 일환으로 실태조사에 착수, 그동안 베일에 가려진 땅굴 실태가 밝혀지면서 확인된 숫자이다.

지역 주민들은 산책로 여러 곳에서 발견된 동굴에 대해 일제가 만든 것까지는 알고 있었지만, 누가, 언제, 무슨 목적으로, 얼마나 굴을 만들었는지 알지 못했다. 일제강점기 당시 그곳은 병기 제조공장이 들어설 곳이었으므로 더욱 일반 민중에게는 비밀에 부쳐졌을 것이다. 따라서 지역 주민이라 하더라도 무슨 목적으로 몇 개나 동굴을 파고 있었는지 알 도리가 없었던 것으로 보인다.

광복 후, 일제가 떠나고 남겨진 동굴은 젓갈을 숙성시키는 저장고로 활용되었다. 사시사철 일정 온도를 유지하는 토굴만의 특성이 젓갈을 숙성시키는 데 안성맞춤이었기 때문이다. 그리하여 그곳은 새우젓 토굴로 알려졌다. 지금은 대부분 중단한 상태이지만 아직도 새우젓 토굴로 활용하는 곳이 남아 있다.

함봉산 일대 동굴 조사가 완료되면서 대체적인 윤곽이 드러났다. 함봉산 등산로에서 발견된 동굴 외에 일명 화랑농장이라고 알려진 산곡3동

새우젓 숙성용으로 사용하고 있는 지하공장 입구(왼쪽)와 새우젓이 담긴 드럼통(오른쪽)

주택가 일대에서도 동굴 입구가 발견되었다. 일부는 규모가 매우 작아 깊이가 수 미터에 지나지 않는 곳도 있지만, 사진에서 보는 바와 같이 화랑농장에서 파기 시작한 동굴은 반대편을 향해 길게 뻗어나가고 있었다. 그 방향이 함봉산 반대편 현 육군 제3보급단을 향해 있어 그대로 굴착 공사가 진행되었다면, 맞은편 동굴에 닿았을 것이다.

일제가 구상한 지하공장은 '터널식'을 본칙으로 하였다. '터널식'은 양쪽 입구로 접근할 수 있어 활용이 용이하고, 바람이 지날 수 있기에 환기에 유리할뿐더러 폭발이나 화재 시 대피하거나 피해를 줄이는 데도 유효했다.

함봉산 일대에서 굴착한 지하공장의 모습

출처: 부평문화원

예를 들어, 탄광·광
산의 경우 탄맥이나 광
맥을 따라 하염없이 파
고 들어가야 하는 특성
상, 공기순환이 늘 문제
였다. 일본 니가타현(新
潟縣)의 사도광산은 그
옛날 갱내를 밝히던 횃
불의 유독가스와 분진

조세이탄광 환기구 '피야'

을 제거하기 위해 공기순환용 갱도를 채광 갱도와 나란하게 파들어 갔
다. 또한 야마구치현(山口縣) 우베시(宇部市)의 해저탄광이었던 조세이(長生)탄
광은 '피야(pier)'라고 하는 공기순환용 환기구를 바다 한가운데 설치하여
갱내로 공기를 주입하였다.

함봉산의 지하공장도 터널식으로 관통시키기 위해 양쪽 끝에서 굴착
해 간 것으로 판단된다. 화랑농장에서 시작된 동굴과 제3보급단 측에서
파고 들어간 동굴이 궁극적으로는 서로 만날 운명인 것이었다. 나가사
키시(長崎市) 스미요시(住吉)에 조성된 미쓰비시중공업 나가사키 병기제작소
지하공장도 터널식이었다. 그곳은 어뢰용 부품을 생산하던 공장으로 공
습에 대비하여 스미요시마치에서 반대편 아카사코(赤迫)까지 산을 관통하
는 터널을 만들었다. 이 공사에는 조선인 노무자가 대거 동원되었다. 히
로시마역 북단 후타바야마(二葉山)의 일본 육군의 지하실도 터널식이었다.

도쿄제1육군조병창 실포공장으로 사용될 지하공장은 장래 제2제조소의 지위를 부여받을 예정이었다. 그 정도의 규모로 조성할 계획이었으니 완성되었다면 아마도 한반도 내에서는 최대 규모의 지하 무기공장이 되었을 것이다.

나가사키시에 소재한 미쓰비시 나가사키 병기제작소 스미요시 지하공장

도쿄제1육군조병창 실포공장으로 조성된 함봉산에는 '터널식'과 다른 형태의 지하시설도 발견되었다.

무근(무철근) 콘크리트식의 시설

방공호로 보이는 'ㄷ'형의 지하시설

사진에서 보는 바와 같이 하나는 콘크리트로 깔끔하게 만들어진 지하시설이고, 다른 것은 'ㄷ'형으로 만들어진 지하시설이다. 전자와 같이 철근없이 콘크리트로만 만들어진 지하시설은 '내탄식', '방탄식 또는 내공차폐식'으로 현재 확인된 것만 네 곳이다. 후자의 지하시설은 양 끝으로 출입구가 있고 안쪽으로 꺾어 들어가면 서로 만나는 구조인데, 규모가 작다. 필경 방공호로 사용한 것이 아닌가 싶다. 후자는 두 곳이 발견됐다.

여기서 무근 콘크리트 시설의 용도가 무엇인지에 대해 흥미로운 사실이 확인된다.

앞의 〈표 18〉에서 도쿄제1육군조병창 실포공장이 신설될 때, 무근 콘크리트로 만들 설비가 무엇인지 명확하게 제시하고 있었다. 그 내용을 다시 상기하면, 무근 콘크리트로 조성되는 시설은 지하설비 중 반지하의

조병창에서 함봉산을 향해 연장된 철로 구간

지금(地金)공장과 지상설비 중 재료보관소, 목공장, 공구보관소, 검사장 등이었다. 현 육군 제3보급단 부지 내 무근 콘크리트 시설은 이와 같은 용도로 조성된 것으로 판단할 수 있다.

한편 지하 실포공장에 대해서는 구조에 대한 부연설명이 없다. 이는 터널을 굴착해 가는 과정에서 드러난 암반 모습 그대로가 공장임을 의미한다. 새우젓 숙성굴로 사용됐던 모습 그대로 실포공장으로 가동될 예정이었던 것이다.

그밖에도 실행에 옮겨진 것으로는 부평역에서 조병창으로 연결되는 인입선의 증설 구간이 있다. 조병창의 동측을 종단한 인입선은 북단에서 좌측으로 꺾여 함봉산 자락으로 연장되었다. 증설된 구간은 이 북단에서 함봉산까지의 구간으로 이 철로는 현재도 제3보급단 내부까지 연결되어 있다.

지하공장은 가동하였나?

극비문서에 따르면, 함봉산의 지하공장은 두 종류다. 하나는 실포(실탄)공장으로 도쿄제1육군조병창의 실포공장 일부가 이설될 예정이었다. 다른 하나는 소총공장으로 이는 인천육군조병창 제1제조소가 이전할 예정이었다.

〈표 20〉 실시 계획표에 따르면, 실포공장은 1945년 3월부터 굴착을 시작하여 8월에 완공, 9월에 기계 설비를 이설할 예정이었다. 기계 설비를 이설할 9월이면 이미 일본이 패망한 다음이 되므로 지하 실포공장은 가동하지 못한 것으로 생각할 수 있다.

제1제조소도 지하공장은 1945년 7월에 공사를 시작하여 1946년 2월

〈표 20〉 이설 분산 실시 계획표

설비	구분		순서	1945년 3월	4월	5월	6월	7월	8월	9월	10월	11월	12월	1946년 1월	2월	3월	4월	5월
실포설비	가(假)공장 건설	현 설비 이전	1	─	─													
		현 건물 개조			─	─												
	가공장으로 이설	수송				─	─											
		기계 설치					─	─	─	─	┈	┈	┈					
	지하공장 건설					─	─	─	─	─								
	지하공장 건설									─	─	─	─	┈	┈	┈		
일제*	지하공장 건설		3					─	─	─	─	─	─	─	─			
	지하공장 건설															─	┈	┈
부대설비	숙사 설비		2	─	─	─	─	─	─									
	동력 지하이설			─	─	─	─	─	┈	┈	┈	┈	┈					
	가스공장 신설						─	─	─	─	┈	┈	┈					
	용수	경기도 수도공사		─	─	─	─	─	─	─	─	─	─					
		착정		─	─	─	─											
	인입선 설비			─	─	─	─											
	'함바' 설비			─	─	─												
	도로 신설			─	─	─	─	─	─									
기타	인원 방호		3	─	─	─	─	─	─	─	─	─	─					
	지하 진료시설								─	─	─	─						
평양	지하공장 신설		1								─	─						
	지하공장 신설												─	┈	┈	┈	┈	┈

*'일제(一製)'는 제1제조소를 의미한다.

출처: 仁川陸軍造兵廠, 「移設分散及防護等ノ進捗狀況」, 일본 방위성 방위연구소

에 완공할 예정이었으므로 이 공장도 가동하지 못한 것으로 판단된다.

그러나 도쿄제1육군조병창 실포공장의 일부가 지하공장이 아닌 가(假)공장, 다시 말해서 임시공장에서 가동되었을 가능성은 있다. 실시 계획표 상에는 실포 설비의 가공장 건설을 예정하고 있는데, 1945년 3~4월에 걸쳐 현 인천육군조병창의 설비를 '압축'(잉여 공간의 확보)하여 임시공장을 건립한 후 5월에 기계 설비를 도쿄로부터 이설한다는 계획이다. 이는 도쿄제1육군조병창의 분산 이설 계획 중 1순위에 해당하여 가장 시급하게 시행에 들어간 것으로 판단된다.

조병창 제1공장에 근무했던 김상현은 아래와 같이 기억했다.

총탄은 나중에 본토가 하도 폭격을 맞으니까, 일본은 어디서 그, 철수해 오는 건지는 몰라도 이리로 모두 이사를 오더라고, 이쪽으로. 일본 게 이리로 오더라고, 일본은 폭격에 못 이겨서, 그런데 거기에 총탄 만드는 탄약을 만드는 공장이더라고. 그거 시설이, 시설을 뜯어서 모두 옮겨 오는 거. 그게 어느 정도 이사하고 난 뒤에 일본 사람들이 패전했지.

김상현은 인천육군조병창 내 임시공장으로 도쿄제1육군조병창의 실포 기계 설비가 이설되는 것을 목격한 것이다. 그러나 임시공장은 가동하지 못한 것으로 판단된다. 이는 군사기밀 문서 「쇼와 20년도(1945년도) 인천육군조병창 작업계획(昭和20年度仁川陸軍造兵廠作業計画)」(1945년 3월 31일)에서 확인할 수 있다. 이 문서에 따르면, 실포 설비 이설과 함께 함봉산 일대에 조성하는 제2제조소는 '99식 소총, 99식 보통 실포', '동 공포(空包)'를 1945년 12월부터 생산할 계획이었다.

참고로, 앞서 지하공장에는 조병창 병원과 별도로 진료소를 지하에 설치할 예정이었다고 했는데, 실시 계획표에 따르면 공사 개시가 1945년 10월이었다. 따라서 지하 진료소는 아예 착공도 하지 못한 채 패전을 맞은 것으로 파악된다.

평양제조소도 제1순위로 지하공장을 신설할 계획이었다. 1순위로 계획된 시설은 부평을 예로 보자면 전부 착공에 들어간 사실이 확인되므로, 평양제조소 지하공장도 착공되었음에 틀림없다. 평양의 어느 장소에 지하공장이 만들어지고 있었는지, 다음은 평양판 「이설 분산 방호 전개도」를 찾아볼 차례이다.

3
'결 7호' 작전을 사수하라

일본군의 패전색이 짙어 가던 1944년 말, 일제는 다가올 연합군의 일본 '본토' 상륙과 지상전에 대비하여 이른바 본토결전 태세에 돌입하였다. 그리하여 일본 '제국'을 7개로 나누어 '1억 옥쇄'의 항전에 나섰다. 본토결전에는 한반도 일대도 포함되었다. '결 7호'로 명명된 작전 지역이 제주도, 남해안을 중심으로 전개되었다.

한반도 일대를 본토결전 작전 지역에 포함시킨 데는 세 가지 이유가 있었다. 첫째, 한반도를 일본'제국'의 작전권 속에 넣음으로써 전쟁 책임을 분담시켜 패전 후 협상 시 일본 '본토'를 보전하기 위한 카드로 이용한다는 포석이 깔려 있었다. 패전의 책임을 지고 일본'제국'이 분할 점령되는 상황이 닥쳤을 때, 그 희생양으로 제공할 땅이 필요했다. 한마디로 한반도를 일본'제국'을 지키기 위한 희생양으로 삼은 것이다. 둘째, 공습의 피해를 거의 입지 않은 한반도와 조선 민중들에게 전쟁 수행의 여력이 남

본토결전의 작전 구역(1945. 2. 12)

출처: 부평사편찬위원회, 『인천육군조병창과 애스컴 시티』(부평사 제4권), 2021, 122쪽.

아 있다고 판단했기 때문이다. 셋째, 한반도까지 전선을 확장시킴으로써 연합군의 공격 루트를 분산시키고 결전 시기를 늦출 수 있기 때문이다. 그로 말미암아 한반도는 연합군의 폭격과 격전지가 될 수 있는 위험에 노출되었다.

한반도 내 주요 군사시설과 해안 및 산악지대에는 연합군 공습과 상륙작전에 대비한 지하시설들이 속속 구축되었다. 제주도 송악산 해안가와 일출봉 연안에는 자살 특공정을 엄폐할 목적으로 수없이 많은 해안동굴이 만들어졌다. 셋알오름에는 고사포진지가 구축되었고, 가마오름에는 일본군 동굴진지가 구축되었다.

남해안 일대에도 각종 군수물자나 화약 등 보관 창고 시설로 추정되는 동굴이 다수 발견되었다. 일본 해군의 진수부가 설치됐던 진해에는 장천동 해안가 벚꽃공원 주위에 네 개의 동굴이 구축되었고, 내륙 산기슭

제주도 송악산 해안가의 자살 특공정 동굴

알뜨르 비행장의 비행기 격납시설

제주도 가마오름 내 동굴진지

제주도 셋알오름 고사포진지

경남 진해 장천동 벚꽃동산 내 지하동굴

경남 진해 버섯재배시설로 이용 중인 터널식 지하동굴

에서는 터널식 동굴이 발견되었다.

한편, 인천 부평에도 다가올 공습에 대비한 고사포진지와 관측소 등의 시설들이 구축되었다.

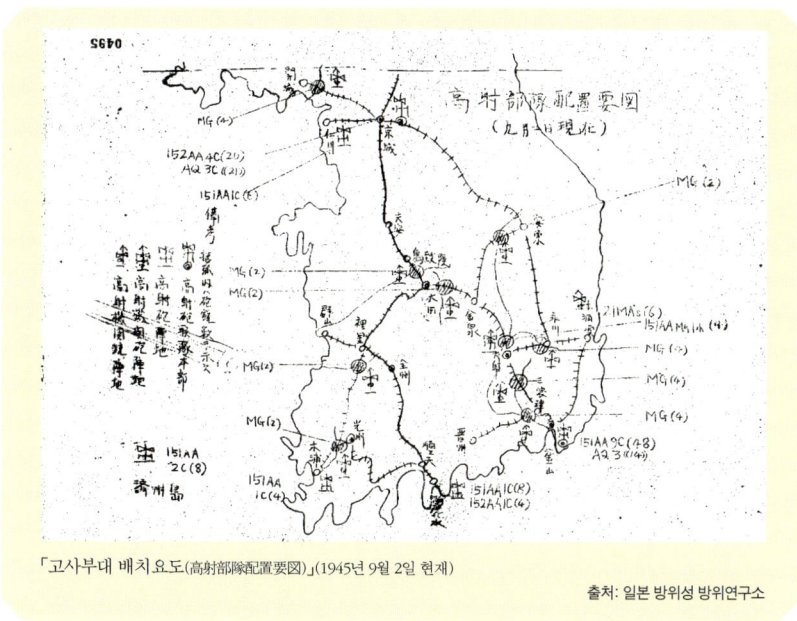

「고사부대 배치요도(高射部隊配置要圖)」(1945년 9월 2일 현재)

출처: 일본 방위성 방위연구소

 일본 방위성 방위연구소 소장의 『재남선 일본군 부대 개황보고(在南鮮日本軍部隊槪況報告)』의 「고사부대 배치요도(高射部隊配置要圖)」(1945. 9. 2)에 따르면, 38선 이하 남한에 주둔한 일본군 고사포부대는 고사포 총 98문, 고사기관포 10문, 고사기관총 26정을 보유하고 있었다. 고사포부대를 지원하기 위한 조공부대(照空部隊)도 있었으며 경성에는 3개 중대에 21개 탐조등(일명 서치라이트)이, 부산에는 3개 중대에 12개의 탐조등이 있었다.

 부평에 주둔했던 일본군 방공부대는 고사포 제151연대 1개 중대로 1945년 2월에 편성되었다. 이 일본군 방공부대가 보유한 고사포는 지도상 6문이었다. 한편, 「대동아전쟁 제17방면군 축성시설배치도」에 따르면 부평 좌측에 길게 늘어선 한남정맥을 따라 '야전진지'라고 쓰여진 실선

이 있고, 그 아래에 '병기격납동굴 500㎡'라는 표시와 함께 주위에 '8고×6'이라고 적혀 있다. 이 '8고×6'은 99식 8센티미터 고사포 6문을 의미한다. 따라서 상기 지도상의 고사포 6문이란, 이 8센티미터 고사포를 의미한다.

인천육군조병창과 지하 실포공장을 방어하기 위해 구축된 고사포진지가 실제로 남아 있다.

인천가족공원을 굽어보는 부개산(202미터) 정상석 옆에 두 개의 고사포진지가 확인된다. 고사포 6문 중 2문이 여기에 설치된 것으로 보이는데,

부개산 정상석이 설치된 봉우리(노란색 원으로 표시한 지역). 이곳에 고사포진지가 남아 있다.

정체 모를 장비의 거치대로 사용 중인 고사포진지

나무 벤치의 토대로 사용 중인 고사포진지

한 개는 통신장비인 듯한 시설의 거치대로 사용되고 있고, 다른 한 개는 부개산 정상석을 건립하면서 나무 의자로 변신하였다. 나무 의자로 변신한 고사포진지는 도로를 내는 과정에서 절개면에 수용되어 시설 일부가 손실되었다.

방공부대의 시설은 이것만이 아니다. 부개산과 이어지는 만월산 정상에는 관측소로 보이는 무근 콘크리트의 시설이 남아 있다. 정북 방향의 출입구로 들어서면 서측 방향으로 인천항과 서해를 굽어보기 위해 작은 쪽창이 나 있다.

결 6호작전 구역에 해당하는 고쿠라육군조병창은 이미 널리 알려진 대로 히로시마시(廣島市)에 이은 두 번째 원자폭탄의 타깃이었다. 이를 위해 미군은 수차례의 정찰을 거쳐 고쿠라육군조병창의 공장별 배치도를 완벽하게 파악하고 있었다. 1945년 8월 9일, 고쿠라시 상공은 구름과 연기로 시야 확보가 어려웠다. 세 번이나 선회를 거듭한 폭격기 B-29는 하는 수 없이 목표 투하지를 나가사키시로 변경했다. 원폭 피폭의 운명이 고쿠라시에서 나가사키시로 바뀌는 순간이었다.

등산로를 따라 정상 부근에 나타난 입구   풀잎으로 가려진 관측 창문

결 7호작전으로 편성된 한반도, 그리고 인천육군조병창 또한 안전하지 않았다. 일본이 침략전쟁을 멈추지 않았더라면 다음은 한반도가 전란에 휘말렸을지도 모른다. 일본 열도를 훑고 내려오는 듯한 공습이 규슈 지역에서 멈춘 것을 그나마 다행이라 생각해야 할까.

4
조선인 착취의 끈질긴 악연, 다마모구미

　조병창 건설에는 일본 유수의 토목건축 관련 기업들이 대거 참여했는데, 하자마구미[間組, 현 안도하자마(安藤ハザマ)], 간토구미(關東組), 다다구미(多田組), 다마모구미(玉藻組), 시미즈구미(淸水組, 현 시미즈건설) 등 5개 토목건축업자가 관여했다. 여기에 1945년 확장공사에는 가지마구미(鹿島組, 현 가지마건설), 니시마쓰구미(西松組, 현 니시마쓰건설), 도비시마구미(飛島組, 현 도비시마건설), 다다구미, 다케나카구미(竹中組), 다마모구미 등이 관여했다. 하자마구미, 시미즈구미, 가지마구미, 니시마쓰구미, 도비시마구미 등은 현재도 일본 토목건축·건설업계를 대표하는 기업인데, 전시기 군 관련 사업에 이름을 나란히 하고 있는 게 주목된다. 이 회사들은 아시아·태평양전쟁 시기 일본의 댐, 수력발전소, 도로, 철도, 항만 등 토목건축공사에 조선인을 강제동원·강제노동 시킨 대표적인 회사이기도 하다.

　한편, 당초 조병창 건립 시와 전쟁 말기 확장공사 시에 모두 관여한 회사가 있다. 바로 다다구미와 다마모구미다. 일본 사회에서는 그다지 잘 알려지지 않았지만 유독 부평에서는 잘 알려진 기업이다. 부평에 미쓰비시 줄사택으로 알려진 삼릉마을(미쓰비시의 한자 표기 '三菱'을 우리식으로 발음하여 생긴 지명)과 함께, 다다구미 마을, 다마모구미 마을이 있을 정도이다.

다다구미 마을은 현재의 모다아울렛 부평점 건너편에 하천을 따라 만들어진 마을로, 다다구미가 조병창 건립공사에 참여하며 현장 사무실, 인부숙소 등을 짓고 생활했던 공간이다. 다다구미가 떠난 후에도 사람들이 거주하면서 자연스럽게 마을이 형성되었다. 당시 인부숙소는 1개 동에 8개 가구가 들어가는 '나가야(줄사택)'로 약 60개 동이 있었다고 한다. 하천은 현재 복개하여 주차장으로 사용 중인데 하천의 굴곡진 모습을 따라 건물이 들어선 모습이 이채롭다.

다마모구미 마을은 조병창 북단에 형성되었으며 지금은 부평 대림아파트가 들어서 있다. 이곳 또한 조병창 건립공사에 나선 다마모구미가 공사 기간 중 사무실과 인부숙소를 세우고 생활했던 곳이다.

다다구미로 불리던 마을의 현재 모습

다마모구미 옛 자리에 들어선 부평 대림아파트

다다구미의 시작은 1916년 경성에서 창업한 토목청부업자 다다 공무점(工務店)이었다. 다다구미는 경성부의 가네가후치(鐘ヶ淵)방적과 미쓰코시(三越)백화점(현 신세계백화점 본점) 건설, 히로나카 상공 부평공장 제3기 확장공사 등에 관여했다.

  다마모구미는 일본 시코쿠(四國)지방의 가가와현(香川縣) 다카마쓰시(高松市)에 기반을 둔 지방 토목건축업자이다. 창설자는 히라이 다로(平井太郎, 1905~1973)로, 가가와현 기타군(木田郡)에서 출생했다. 아버지는 다카마쓰시 상공회의소 회장을 역임한 건설업자 히라이 미노루(平井 實)로, 히라이 다로는 도쿄에서 대학을 졸업한 후 귀향, 아버지의 가업을 물려받았다. 아버지로부터 사업을 물려받을 때 사명이 히라이 흥업(平井興業)이었던 점을 보면, 다마모구미라는 사명은 히라이 다로가 다카마쓰시 다마모초(玉藻町)에서 따온 것으로 보인다.

  참고로, 다마모초는 도요토미 히데요시(豊臣秀吉)로부터 사누키노쿠니(讃岐國, 현 가가와현)를 부여받은 이코마 지카마사(生駒親正, 1526~1603)가 다카마쓰성을 축성한 곳이다. 다카마쓰성은 다마모성이라고도 불렸다.

  다마모구미는 인천육군조병창 건립부터 1945년 지하공장 확장공사에 이르기까지 실로 육군조병창과 끈끈하게 연결되어 있었다. 다마모구미와 인천육군조병창과의 인연은 규슈 지역 후쿠오카현 고쿠라시(현 기타큐슈시)에 소재한 다마모구미 지점에서 비롯되었다. 인천육군조병창 건립 당시 조선의 병기창을 관할하고 있었던 고쿠라육군조병창은 직원을 파견하여 건설현장을 직접 관리 감독하고 있었다. 따라서 건설에 투입할 토목건설업자도 고쿠라육군조병창이 직접 선발하고 있었다. 다마모구미는 조선의 조병창 건설사업을 낙찰받았는데, 고쿠라육군조병창 공사에도 참여한 경력이 있었다. 부평 공사를 낙찰받은 것은 이와 같은 경력이 작용했을 가능성이 있다.

〈표 21〉 다마모구미가 관여한 사업 일람 (1944년 8월 현재)

공사 번호		도도부현	공사명	공사 장소	발주처	통제 단체	소관 관청
1	214	히로시마현	가노시 공사 외 여러 건	아키군	서부군 경리부		육군성
2	215	히로시마현	히로사쿠 그 14 공사 히노소호 그 4 공사 히노오 그 1 공사	히로시마시	히로시마사단 경리부		육군성
3	222	가가와현	4의 히 제71호 공사	기타군	항공본부		육군성
4	636	가가와현	다카마쓰역 해면 매립 2 공사	다카마쓰시	히로시마철도국		육군성
5	637	가가와현	다도쓰 공기부 자동차 직장건축 목기관차 제조장 직장 건축공사	나카타도군	히로시마철도국		육군성
6	233	후쿠오카현	쓰노히 정지, 기타 신설 1 공사	후쿠오카시	서부군 경리부		육군성
7	234	후쿠오카현	소조 주2919호, 소조 조 82호, 소조 조96호 공사	고쿠라시	고쿠라육군조병창		육군성
8	830	후쿠오카현	이화학연구소 외 12건 공사	아사쿠라군	다치아라이항공(주)	항공공업회	군수성항공병기총국
9	831	후쿠오카현	조립공장 건축공사	아사쿠라군	다치아라이항공(주)	항공공업회	군수성항공병기총국
10	834	구마모토현	오카모토공업 히토요시공장 건설공사	히토요시시	오카모토공업(주)	항공공업회	군수성항공병기총국
11	663	구마모토현	대일본항공 구마모토 훈련소 증·개축	구마모토시	대일본항공(주)	일반교통회	운통성

출처:「日本土木建築統制組合請負工事一覧」(1944년 8월 현재), 도쿄 건축산업도서관

쇼와 17년(1942년)경이다. 기타큐슈 고쿠라에도 지점이 있었다. 여기서 공사입찰이 있어 그(히라이 다로-인용자)에게 일감이 낙찰되었다. 조선 부평에 조병 공창을 만드는 공사였다.[『인간 히라이 다로(にんげん平井太郎)』, 1979]

다마모구미가 고쿠라육군조병창이 주관한 인천육군조병창 공사에 응모하여 사업자로 선정된 것이다.

다마모구미는 지방의 토목건축 회사지만 전시기를 이용하여 사세를 확장한 회사 중 하나였다. 다마모구미가 관여했던 사업을 훑어보면 군 관련 공사들이 대부분이었다.

앞서 다마모구미와 고쿠라육군조병창 간에 공사를 발주하고 낙찰받은 경력이 있었다고 했는데, 〈표 21〉을 보면 공사번호 234번이 고쿠라육군조병창 공사였다.

다마모구미의 히라이 다로는 이와 같은 경력을 토대로 군부와 밀접하게 유착했던 것으로 보인다. 다카마쓰시 지방은행인 114은행 총재와 다카마쓰상공회의소 회장을 역임한 아야다 세이지(綾田整治)는 1943~1944년경에 군복 차림을 한 히라이의 모습을 회상하며 다음과 같이 말했다.

제일 인상에 남았던 것은 젊은 시절의 선생님의 모습이었습니다.
쇼와 18, 19년(1943~1944년)경으로 생각합니다. 제가 영업부장이던 시절로, 선생님은 구 본점을 찾아오신 적이 있습니다. …
그때 "보여 줄 게 있어"라고 하시기에 "뭔데요?"라고 하니까, 꺼내 보이신 것이 한 자루의 군검이었습니다. 관동군 사령관으로부터 받은 것이라고 합니다.

군 시설을 훌륭하게 완성시켰기에 감사장과 함께 그걸 받았다고 하십니다.

군복을 입고 득의양양해 하던 선생님의 그때 정경은 지금도 눈에 선합니다.

다마모구미가 수주한 1942년경 인천육군조병창 공사라고 하는 것이 구체적으로 어떤 공사였는지는 확인할 수 없다. 다만 "현지인을 수천 명 사용하여 부평 공사를 진행했지만, 토사 붕괴 등으로 공사가 쉽게 진척되지 않았다"라고 평가한 점으로 보아 조병창 부지의 지반을 다지는 작업이나 하천을 정비하는 작업 등 토목공사류로 추정된다.

다마모구미는 그 후에도 계속하여 인천육군조병창 관련 공사에 관여했을 것으로 생각되는데, 이를 확인할 수 있는 극비문서가 있다. 1945년

〈표 22〉 지하공장 건설에 따른 공사내역과 담당회사

공사별	청부업자	하청업자
지하공사	조선전업	가지마구미(鹿島組) 니시마쓰구미(西松組) 도비시마구미(飛島組)
숙사 설비	조병창	다다구미(多田組) 다케나카구미(竹中組)
철도 인입선	교통국	다마모구미(玉藻組)
가스공사	경성전기	경성전기
수도공사	인천수도 경기도공업수도	다마모구미(玉藻組)
도로공사	조병창	다마모구미(玉藻組)

출처: 仁川陸軍造兵廠, 「移設分散及防護等ノ進捗狀況」. 일본 방위성 방위연구소

인천육군조병창 작성의 「이설 분산 및 방호 등 진척 상황」이라는 문서 별표에 지하공장 등 건설에 투입할 업자와 해당 공사에 대한 내역이 밝혀져 있다.

〈표 22〉에 나온 공사구역과 해당 업자의 내역을 보면, 지하공장 조성은 가지마구미, 니시마쓰구미, 도비시마구미가 담당하고, 직원숙소는 다다구미, 다케나카구미가 담당하는데, 철도·수도·도로는 모두 다마모구미가 담당하고 있었다.

다시 말해서, 다마모구미는 주요 인프라 설비를 전담하고 있었던 것으로 보인다. 부평역에서 현 캠프 마켓 동측 담장을 종단하는 철로가 함봉산 육군 제3보급단을 향해 캠프 마켓을 휘감듯 연결되어 있는데, 1945년의 지하공장 건립 시 연장된 인입선이며 바로 다마모구미가 부설한 철도이다.

앞서 인천육군조병창 건립에 '현지인 수천 명'을 사용하였다고 했는데, 다마모구미는 조선인 노무자를 적극 동원하여 일본 '본토' 토목사업에도

육군 제3보급단 부지로 연결되는 철로

장고개 하천에 드러난 수도관 파이프

다마모구미에 동원된 박흥규. 왼팔에 채워진 완장에 다마모구미(玉藻組)라는 글자가 선명하다.

출처: 대일항쟁기강제동원피해조사및국외강제동원희생자등지원위원회, 『조각난 그날의 기억』, 2012, 97쪽.

투입하였다. 이 사실은 문서자료에서도 확인할 수 없었던 것이었으나, 실제 다마모구미에 동원된 피해자의 구술을 통해 확인되었다.

전라남도 고흥출신의 박흥규에 따르면, 1944년 여름 전라남도 보성, 장흥, 고흥, 진도, 완도 등 전남 출신 청년 120명이 동원되어 후쿠오카현 소재 비행장 건설에 투입되었다. 그 후 80명은 히로시마시로 재배치되어 히로시마역 북측 후타바야마라는 산 중턱에 일본 육군 지하창고를 구축하는 일에 투입되었다. 그들은 시내 비행장 활주로를 만드는 작업에도 동원되었다.

다마모구미의 노동숙소는 작업장과 가까운 거리에 있는 일본 육군의 넓은 공터였다. 그리고 맞이한 1945년 8월 6일. 히로시마시 중심부를 향해 투하된 원자폭탄이 작렬한 시각은 사람들이 제각기 작업장으로 향하던 오전 8시 15분이었다.

박홍규는 마침 숙소에서 밖으로 나오던 참이었다. 동료가 하늘을 가리

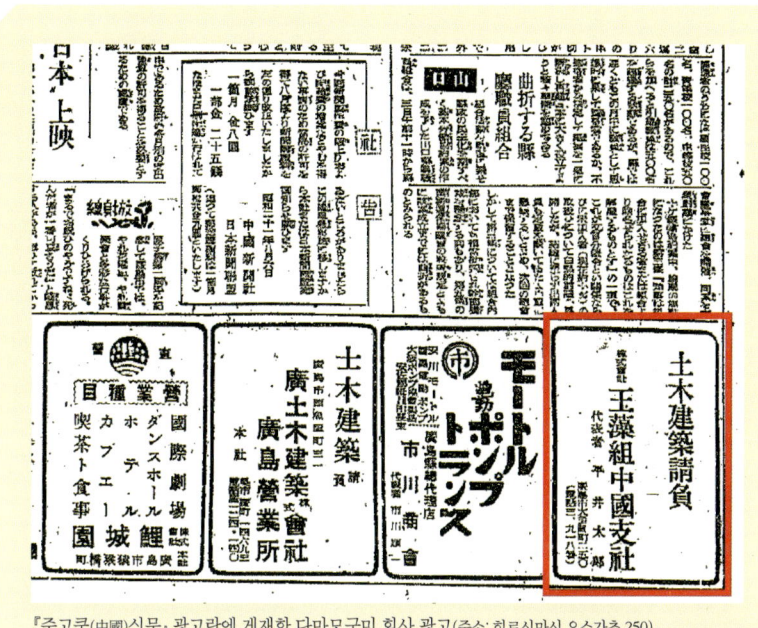

『주고쿠(中國)신문』 광고란에 게재한 다마모구미 회사 광고 (주소: 히로시마시 오스가초 250)

출처: 『주고쿠신문』, 1946. 8. 6.

    키며 무언가를 중얼거리던 순간 태양과 같은 섬광이 번쩍했다. 그 후 정신을 차리고 보니 판자로 만든 집은 무너져 버렸고 사방은 뿌연 연기로 분간할 수 없었다. 박홍규가 있던 숙소는 원자폭탄이 작렬한 폭심지에서 2.5킬로미터 떨어진 곳으로 러닝셔츠 차림의 박홍규는 노출된 피부에 화상을 입었다.

    다마모구미에 동원된 바람에 히로시마에서 피폭을 당한 것이다. 그러나 다마모구미로부터는 아무런 연락도 도움도 없었다. 박홍규는 살아남은 사람들끼리 선박을 조달하여 귀환길에 올랐다. 귀환 시 히로시마 원

서일본방송사 전경

자폭탄으로 사망한 동료의 유골을 가슴에 안고 왔다. 박홍규가 현장에서 사망한 것으로 파악한 다마모구미 조선인은 고흥군 출신 8명, 장흥군 출신 4명으로 12명이었다.

전시기 군부에 밀착하여 부를 축적한 히라이 다로는 그 후 다카마쓰시 시코쿠(四國)신문사 사장을 거쳐 서일본방송사를 창립하여 언론인으로 변신하였다. 그뿐만이 아니다. 1956년 이시바시 단잔(石橋湛山) 내각의 우정성 장관으로 입각, 아베 신조(安部倍三) 전 수상의 외할아버지인 기시 노부스케(岸 信介) 내각에서도 우정성 장관에 취임했다. 그 외에도 참의원 4선 의원과 자민당 간사장을 거치는 등 정치인으로도 변신했다. 2020년 9월 스가

요시히데(晉 義偉) 내각 디지털 장관을 역임한 히라이 다쿠야(平井卓也)가 히라이 다로의 손자이자 전 서일본방송사 사장이다. 대를 이어 히라이 집안이 다카마쓰의 언론과 정치를 좌우하고 있는 상황이다.

  그러나 히라이 다로가 가가와현의 방송·언론인, 정치가로서 입신출세한 배경에는 전시기 군부와의 결탁을 통해 조선인을 착취하여 부를 축적한 사실이 있었음을 누가 알 수 있겠는가. 다마모구미가 지금은 사라지고 없다고 하여 역사적인 사실과 책임마저 사라지는 것은 아니다. 일제가 만든 인천육군조병창이 부평에 건재하는 한, 같은 공간에서 다마모구미라는 토목건축업자가 식민지 조선을 착취하고 있었음을 똑똑히 기억해야 할 것이다.

5
조병창 병원을 아시나요?

인쟈 몸을 몹시 다쳐서, 그 기계 만지는 데니깐, 기계에 이러면 거기 옷이 딸려 들어가 가지고 팔 잘린 사람두 오구.

그러니깐 인져 팔은 팔대루 따로 오구, 사람은 사람대로 따로 오는 경우가 많아요. 그러면 저, 그대루 가서 수술실에 가서, 팔 맞히는 사람은 맞히구, 그것두 안 되는 사람은 또 못하구 그냥 거기만 잘린 채루, 저기하구. 아휴, 그땐 그 거기 일하는 애들이, 젊은 애들인데, 참 다친 애들도 많고 한, 하루에 아마 팔 다친 애들이 한 댓 명 와요.

인천 부평에서 태어나고 자란 지영례 할머니(1928년생)는 소화(昭和)고등여학교 1학년을 마치고 1942년에 인천육군조병창 의무과에 들어갔다.

그때만 해도 뭐 여, 여자들 정신대 끌려간다구 그래서 죄들 그냥 난리들을 쳤지.

그러니깐 저 동사무실에서 와서 이름 다 적어 가요. 나이, 이름 적어 가고, 그리고 거기 적히면은 거기서 뽑아 간다 그러구들 그러니까, 학교래두 나가서 댕기구, 직장을 가졌든지, 그러면은 그걸 모면한다 그래서, 그러니깐 그래서, 조병창에두 들어가구 했지.

1948년의 조병창 병원 전경

출처: Norb Faye

위에서 내려다 본 조병창 병원

ASCOM 382위수병원

출처: 국사편찬위원회

지영례 할머니는 아버지가 당시 구장을 하고 있었어도 정신대 동원을 모면할 수 없었다. 지영례 할머니는 그리하여 정신대 동원을 피하고자 조병창을 선택한 것이었다. 담당 업무는 의무과 접수 업무였다. 병원에는 내과, 외과, 이비인후과 등 전문과가 구비되어 있었고 의사가 7~8명 있었다. 일본인 간호사들도 있었다. 지영례 할머니처럼 정신대를 피해 온 여학생 중에는 간호업무를 보조하는 이도 있었다. 이곳에는 입원실도 있었다.

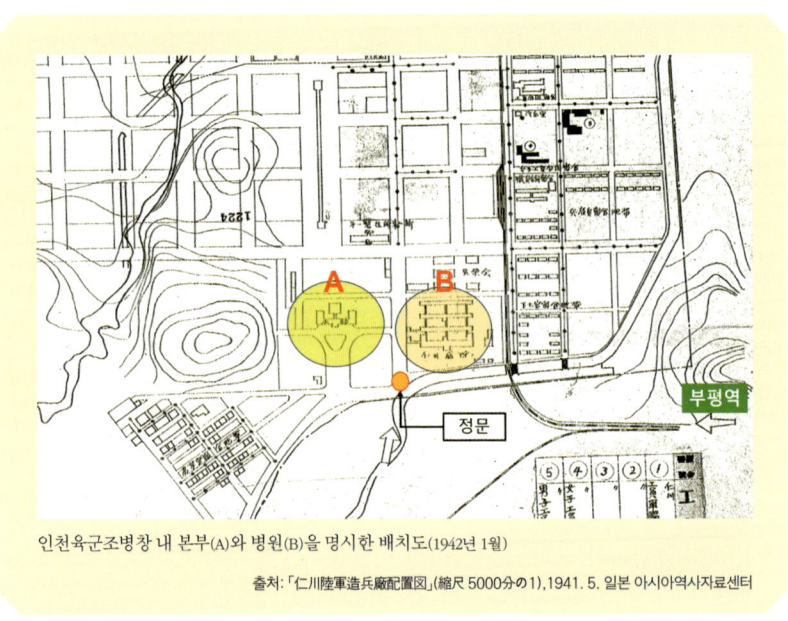

인천육군조병창 내 본부(A)와 병원(B)을 명시한 배치도(1942년 1월)
출처: 「仁川陸軍造兵廠配置図」(縮尺 5000分の1), 1941. 5. 일본 아시아역사자료센터

위 그림은 인천육군조병창의 본부 건물과 병원 건물의 위치를 명시한 배치도이다. 그림에서 정문 좌측에 위치한 A구역이 본부이고, 우측의 B구역이 병원이다. 배치도에는 "인천병원"으로 적혀 있는데, 여러 동의 건물

로 구성되어 있어 상당한 규모였음을 알 수 있다.

　이름 쓰구, 저기, 무슨 과, 외과, 내과, 그거 쓰구. 그렇게 썼지 뭐, 인제.

　지영례 할머니에게는 병원 현관 앞에서 촬영한 사진이 있다. 서무과 직원들끼리 기념으로 촬영한 것이라고 한다. 사진 중앙부 군도에 손을 걸친 사람들은 서무과 과장 등 간부들이었다. 현역 육군 군인이다.
　사진 속 배경이 된 병원 건물의 현관이라는 곳은 인천육군조병창 정문을 바라보고 오른쪽에 위치한 흰색 2층 건물을 말한다. 중앙현관은 자동차를 타고 들어갈 수 있도록 중앙부가 앞으로 돌출되어 있다. 이를 포치(Porch)라고 하는데, 사진에서 보면 포치는 지면보다 약간 높게 만들어져 있다. 그렇다 보니 포치 전면부에 올라갈 수 있도록 계단을 만들어 놓았다. 지영례 할머니의 사진 속에도 앞부분에 계단이 확인된다.

　이 서무과 직원인데, 다나카(田中), 요시다(吉田), 요네다(米田), 소데노(袖野). 과장, 서무과 과장, 그런 사람들이지 의사들 아니에요. … 우리 서무과 직원들만 찍은 거예요.

　지영례 할머니는 조병창 병원이 작업 중 부상을 입은 노동자를 대상으로 운영된 것으로 기억하고 있는데, 병원의 진료 대상은 조병창의 담장을 벗어나 군수도시 전역으로 확대되었다. 1945년 3월의 인천육군조병창의 「상황보고」에 따르면, 일명 '정신진료의 강화'를 목표로 아래와 같은 방침을 수립했다.

지영례 할머니가 병원 현관 앞에서 서무과 직원들과 촬영한 기념사진.

군도를 들고 있는 사람들이 과장 등 일본군 간부들이다.

출처: 부평역사박물관

의무관 전원 병기증산에 추진력이 붙도록 기하기 위해 야간 진료를 개시함과 함께 제조소 내 진료소 및 주택영단지구 진료소를 개설하여 종업원은 물론 그 가족의 보건지도를 적극 과감하게 실시하여 안전감을 유지하여 생산에 종사하도록 노력한다. 공습하의 치료를 고려하여 구내로부터 약 2킬로미터 거리의 사립여학교에 이전할 계획 중이다.

의무과 직원의 헌신을 강화하는 방침에서 다음의 세 가지 사실을 알 수 있다.

첫째, 야간 진료 개시라는 것은 결국 야간에도 작업이 계속된다는 사실을 의미한다. 따라서 전쟁 말기인 1945년 단계에는 병기증산의 목적을 달성하기 위한 야간 작업이 운영되고 있었다는 사실을 알 수 있다.

둘째, 1941년 설립된 조선주택영단이 조병창에서 사용할 노무자 주택을 산곡동에 건립하였는데, 이 노무자 주택지구에 진료소를 개설하여 조병창 밖에서의 진료를 개시했다는 사실이다. 노동력 보전이 무엇보다 시급했던 당시 상황이 전해지는 듯하다.

셋째, 일본 '본토' 공습에 이어 다가올 조선에 대한 공습에 대비하여 병원을 조병창 밖으로 이전하는 방안이 논의되었다는 점이다. 이전지는 "구내로부터 약 2킬로미터 거리의 사립여학교"로 되어 있는데, 극비문서인 「이설 분산 및 방호 등 진척 상황」에 따르면 이 사립여학교라 함은 소화고등여학교였다.

이설의 목적은 "공습하의 치료를 고려"해서만이 아니었다. 극비문서 「이설 분산 및 방호 등 진척 상황」에 의하면, 도쿄제1육군조병창 실포시설을 인천육군조병창에 이설하여 월간 150만 발의 실포생산을 "신속하게 하기 위해 현존 건물을 압축하여 우선 이곳에 전개하여 작업을 개시할 계획"이었다. 이 때문에 기존 조병창 시설의 재배치가 기획되었고, 이에 따라 조병창 병원도 조병창 외곽으로의 이전이 결정되었던 것이다.

또한, 병기증산의 목적을 달성하기 위한 노동력의 보전이라는 견지하에 조병창 병원과 진료소 개설 등과 궤를 같이하여, 지하 실포공장에도 지하 진료시설이 신설될 계획이었음도 확인된다. 다시 말해서, 도쿄제1육군조병창 실포공장의 이설에 즈음하여 조병창 병원은 소화고등여학교의 병동과 산곡동 노무자 영단주택 내 진료소, 지하 실포공장 내 지하 진료시설 등 총 3개소로 확장 운영할 계획이었던 것이다.

지영례 할머니는 병원 이전에 대해서는 언급하지 않았는데, 실제 이전 계획(1945. 3. 15.~ 1945. 3. 20.)에 따라 병원을 소화고등여학교로 이전하였다. 소화고등여학교의 후신인 현 박문여자 중·고등학교 연혁에 따르면, "1945. 4. 1. 교사 전체 일본육군에 강제 징발(일본 육군 야전 병원으로 사용) 인천시 항동

9번지 소재 조선식량열단 건물 임대 가교사로 정하고 이전(현, 인천 경찰국)"하였다고 한다.

소화고등여학교가 조병창 병원으로 수용되었다는 사실은 당시 촬영된 사진으로도 확인된다. 아래 사진을 보면 소화고등여학교 정문 양쪽으로 출입을 통제하는 군 초소가 두 개 확인된다. 이는 조병창 병원이 극비문서에 적시된 대로 소화고등여학교로 이전했음을 의미한다. 조병창 병원이 이전한 소화고등여학교는 광복 후 경찰학교부지로 이용되다가 현재는 인천성모병원이 되었다. 배움의 터를 일본육군에 수용당했던 소화고등여학교가 광복을 맞이한 후에도 원래의 장소로 돌아오는 일은 없었던 것이다. 지금은 일제강점기 당시 촬영된 사진 속 우측의 강당과 같은 건물만 남아 있다.

일제가 패망한 후 미군은 1945년 8월 27일 미 제24군단을 기반으로 주한미군사령부를 설치하고, 동년 8월 29일에는 이를 지원하기 위한 제24군수지원사령부를 편성했다. 1945년 9월 16일, 제24군수지원사령부가

1945년경 소화고등여학교. 노란색 원 안은 일본 군 초소

소화고등여학교 자리에 들어선 인천성모병원

출처: 부평역사박물관

미쓰비시 제강소 자리에 조성된 부평공원과 징용자상. 소녀는 지영례 할머니를 모티브로 하여 제작되었다.

부평의 인천육군조병창으로 입성하자 주한미군사령부는 이를 애스컴 시티로 명명하였다.

한편, 미군은 애스컴 시티 내 옛 조병창 병원을 접수하고, 여기에 382위수(衛戍)병원을 설치했다. 위수병원이라 함은 지역에 주둔하는 군인들의 의무지원을 위해 설치한 군 병원을 말한다. 1945년 3월, 조병창 병원은 인천육군조병창 본부 사무실로 이용하기 위해 소화고등여학교로 이전했다가 광복 후 본래의 자리로 다시 돌아온 것이다. 382위수병원은 약 400병상 규모의 크기였다고 한다.

위수병원에서는 다음 사진과 같이 미군 장교의 주도하에 한국군 육군 간호사를 양성하기 위한 수업이 진행되었다. 1948년 7월 2일에는 8명의 간호사를 배출하였는데, 한국군 최초의 간호장교 배출인 셈이다. 그런 의미에서 382위수병원은 가히 국군간호사관학교의 전신이라고 할 수 있다. 1949년 382위수병원이 떠난 뒤에는 한국군이 이를 승계하였다.

미군 간호장교의 수업을 받고 있는 한국군 간호장교들(1948. 11. 19.)

382위수병원에서 훈련 중인 한국군 간호장교들(1948. 11. 19.)

382위수병원 학위과정을 졸업한 간호장교들(1948. 7. 2.)

출처: 국사편찬위원회

　그 후 조병창 병원 건물은 6·25전쟁을 거치면서 건물 중앙부의 포치 부분이 화재로 소실되었고, 남겨진 건물의 동측 부분은 미군 장병의 숙소로 그리고 서측 부분은 장교클럽으로 사용되었다. '1780'이라고 부르던 장교클럽은 현재 토양 오염 정화를 이유로 철거될 위기에 놓여 있다.

장교클럽의 내부 한 칸은 넓은 홀로 되어 있고 벽난로가 설치되어 있어 그곳에서 휴식을 취하고 있던 장교들의 모습이 눈에 보이는 듯하다. 세월의 무게를 견디지 못하고 떨어져 나간 외벽 안쪽으로 붉은색 벽돌이 드러나 있어 이곳의 본 주인이 누구였는지 알리고 있다. 1780은 단순히 마지막까지 부평에 자리했던 캠프 마켓의 일부가 아니라, 일제강점기 조병창 병원과 미 382위수병원, 한국군 간호장교 학교, 그리고 장교클럽으로 이어지는 근현대사를 품은 역사 공간인 것이다.

캠프 마켓 1780 건물 장교클럽 입구 모습

1780 건물의 창문. 시멘트가 떨어져 나간 벽면 안쪽으로 붉은색 벽돌이 드러나 있다.

건물 벽면에 남겨진 '1780' 글자

6
쇠붙이 공출의 종착지

어릴 적, 일제강점기를 경험한 어른들이라면 누구 할 것 없이 입에 담았던 쇠붙이 공출. 집집마다 이 잡듯이 수색하여 쇠붙이를 뺏어 간 것은 모자라는 물자를 충족하기 위함이었다.

공출은 '헌납'이라는 외피를 둘러쓰는 경우도 많았다. 다음 사진은 1940년대 초반에 촬영된 것으로 사진 속 수많은 금속류 위로 "동유기(銅鍮器) 헌납, 인천 경정(京町) 제1정회(町會)"라고 쓰인 현수막이 보인다. 현수막에는 이 밖에도 "미영(米英) 격멸(擊滅)", "(적을) 격멸할 때까지 전쟁은 계속된다(擊ちてし止まむ)"라는 문구도 엿보인다.

이 사진은 인천부 경정(京町, 교마치), 지금으로 말하자면 인천광역시 중구 경동 및 신포동 일원으로 경정에 거주하던 일본인 주민조직 제1정회에서 동유기를 헌납하며 촬영한 것이다. 일본인 유력자로 보이는 남성들이 앞줄에 앉아 있고 그 뒤로 어깨띠를 두른 여성들이 있다. 어깨띠에는 "대일

금속 공출 헌납 기념사진

출처: 부평역사박물관

본 부인회 경정 제1분회"라고 적혀 있는데, 대일본 부인회는 1942년 2월에 일본에서 결성된 단체였다. 그 후 대일본 부인회 조선본부가 설치된 것은 같은 해 3월 14일이므로 동유기 헌납이 있었던 시기는 1942년 3월 14일 이후에서 해방 사이로 추정할 수 있다.

일제는 1941년 8월 30일 금속류회수령(칙령 제835호)을 공포하여 "철, 동, 황동, 청동, 기타 동합금을 주재료로 한 물자"를 명령으로 양도받거나 처분할 수 있도록 조치했다. 조선에서는 1941년 10월 1일부터 시행하는 것으로 정해졌다.

흥미로운 것은 동유기 사이에 동상도 있다는 점이다. 사진 맨 오른쪽에 각종 동유기들 옆으로 동상이 서 있다. 동상의 인물은 조선총독부 중

추원 참의를 역임한 대표적인 친일 인사 김윤복(金允福, 1870~1952)으로 일본명은 마쓰모토 기요시(松本 淸)였다. 동상은 1937년 1월 인천 계림자선회의 창설자를 기리기 위해 제작한 것으로 같은 해 7월에 제막식을 거행했다. 제작자는 도쿄미술대학 출신의 조각가 김복진이었다.

동상 가슴 부위에 "응소(應召), 松本 淸 翁殿(마쓰모토 기요시 옹전)"이라고 쓰인 종이가 붙어 있다. 이는 마쓰모토 기요시가 비록 동상으로라도 국가의 부름(금속공출)에 응하겠다는 의미를 담고 있다. 마쓰모토 기요시, 즉 김윤복은 사진 속 맨 앞줄 좌측에서 세 번째에 앉아 있는 인물이다.

금속류 '헌납'은 '미담(美談)'이 되어 『매일신보』에 보도되기 시작했다. "구루마로 十車"(1944. 9. 15.), "제2고녀생 금속 헌납"(1944. 9. 21.), "미영 격멸 금속품, 평산군민이 쟁선 헌납"(1943. 6. 6.), "불타는 아동 적성(赤誠), 선생과 한 덩어리 되어 금속을 헌납(김포)"(1943. 6. 18.), "금속류 헌납식 사리원에서 성대(사리원)"(1943. 5. 5.) 등의 제목이 신문을 어지럽게 장식했다.

평안남도 진남포 남비석정 정장(町長)이자 제1정회 회장 금산전홍(金山典弘)이 일반 정민보다 솔선하여 자신이 소장한 금속류 전부를 공출한 사실이 사진과 함께 보도되었다.

국민총동원운동의 전초적 대사명을 맡아 가지고 멸사봉공(滅私奉公)하고 있는 각 정(町) 연맹 이사장의 노고야말로 실로 적지 않은바 있거니와, 이렇게 수고하는 정장 가운데도 자기가 관할하고 있는 정민에게 몸소 실천궁행(實踐躬行), 진두지휘 정신을 여지없이 발로시킨 정장이 있으니, 이는 남비석정 제1정회 회장 금산전홍(金山典弘) 씨다. 씨는 정장으로 신임된 지 불과 1개월도 되지 못하였으나, 종래의 침체되었던 기분을 일소하고 명랑히 새

출발을 시작하고 있어 일반 정민의 절대적인 지지를 받고 있을 뿐 아니라, 총력운동을 추진시키려면 지도자된 정장 자신이 솔선, 일반 정장에게 수범하여야겠다는 것을 절감한 끝에 우선 저축, 금속회수 장려의 의미로 자기 집 전래의 식기, 기타 금속류 전부 수백 점을 공출하였으며 ….

개인 금속류를 전부 헌납한 금산전홍

출처: 『매일신보』, 1943. 8. 23.

보통 헌납은 학교나 지역에서 단체로 하는 경우가 많았는데, 그 가운데 금산전흥은 개인이 소장하고 있는 모든 금속류를 헌납했다는 점에서 높이 평가되었던 것으로 보인다.

그런데 금속류 등 쇠붙이 공출은 일본군이 진격하여 점령한 지역에서도 자행됐다. 인천광역시립박물관에 가면 야외 전시장에 범종 세 개가 나란히 전시되어 있다. 설명문에 따르면 중국 송나라 시대의 철종 한 개, 명나라 시대의 철종 한 개, 원나라 시대의 철종 한 개로 모두 중국 범종이다. 이 범종들은 인천광역시 유형문화재로 지정되어 있을 정도로 역사적 가치가 높다.

인천 강화도 정족산 깊은 산자락에는 전등사(傳燈寺)라는 사찰이 있다. 대웅보전이 보이는 경내에 들어서면 아담한 경내 한쪽에 작은 누각이 있고, 그 안에 범종이 있다. 이 범종은 1097년 중국 허난성(河南省) 숭명사에 있던 것으로 그 형태가 우리나라의 전형적인 범종과 전혀 달라 보물 제393호로 지정되었다.

이 생산연도가 각기 다른 중국의 범종이 왜 이역만리 인천 땅에 있는 것일까? 사실은 일본군이 중국을 침략하는 과정에서 노획한 것을 무기 재료로 사용하기 위해 부평까지 실어 온 것이다. 용광로에 던져질 운명에 있었던 이 범종들은 광복 후 인천육군조병창 부지에 방치되어 있다가 인천광역시립박물관과 전등사에 옮겨졌다.

일본군이 노획한 물자는 육군사관학교 교정에도 있다. 육군박물관 옥외 전시 유물 중 중국 청대의 화포가 전시되어 있다. 이 화포 또한 일본군이 노획한 물자 중 하나로 인천육군조병창에서 발견되었다.

일본'제국'이 쇠붙이란 쇠붙이는 모두 공출하여 무기제조에 사용했던

인천광역시립박물관 야외전시장에 있는 범종　　　　　전등사에 있는 범종

것도 모자라 전장에서 노획한 물자까지 실어 날라야 할 정도로 상황은 최악을 달렸다.

이와 같이, 멀리 중국에서 빼앗은 수많은 금속들은 무기가 되기 위해 인천육군조병창에 야적되었다. 집 안의 소중한 제기(祭器)나 화로, 식기, 비녀 등이 공출되어 모였던 곳도 바로 이곳이었다.

금속류들은 주물(鑄物)공장의 용광로 속에 던져질 운명이었다. 현재 인천육군조병창의 주물공장으로 주목되는 곳은 가장 큰 두 개의 굴뚝이 우뚝 솟아 있는 북단에 위치한 건물이다. 이 건물은 약 2~3층은 족히 되는 높이로, 상단 벽면에만 유리창이 설치되어 있다. 내부는 기중기가 이동 가능할 정도로 공간이 넉넉하며 촘촘하게 엮은 나무판의 지붕이 인상적이다. 두 개의 큰 굴뚝은 내부로 이어지면서 세 갈래로 나누어진다. 그곳이 쇳물을 녹였던 용광로였을까. 현재는 그 입구를 붉은 벽돌로 막고 시멘트로 마감한 흔적만 보인다.

인천육군조병창의 주물공장으로 판단되는 건물의 외관(왼쪽)과 내부(오른쪽) 모습

주물공장 앞쪽에는 부평역에서 뻗어 나온 인입선이 지나가고 있었다. 이 인입선은 물자를 조병창 내까지 실어 나르기 위한 것이었다. 1945년 3월에는 함봉산 일대에 만들어지는 지하공장까지 인입선이 연장되었다.

> 기차가 조병창 안으로 들어오면, 안으로 들어와요. 거기서 하차했지요. … 부평역에서 조병창으로 들어오지요(유만종).

> 기차로 뭐가 들어오면 그거를 하차하는 거예요. 물건 나른 건 두 가지만 기억이 나는데, 한 번은 거기서 장작이요, 장작을 기차 도로코에다 잔뜩 싣고 오죠. 그거 부리는 거. 나무, 땔나무. … 그리고 그때 중국 돈이 많이 들어왔어요. 중국 돈이요. 그게 동으로 된 거거든요. 그래서 그거 총알로 쓰려고 그걸 거기서 모아서 포대에 다 모으거든요. 그래서 그게 상당히 무거워요. 그걸 들어서 옮겨 놓고요. … 구리로 되어 있는 건데 그래서 강제로 저거 했겠죠. 그걸 갖다 총알 만들려고(유만종).

캠프 마켓 내 하역장 모습. 입인선 철로를 사이에 두고 우측에 높은 굴뚝의 주물공장(붉은색 표시)이 보인다.

출처: 부평구청

회사에 소속되어 있으면 징용을 벗어날 수 있을 것 같아 경성전기주식회사에 취업한 유만종은 취업한 지 3개월만에 조병창으로 징집되었다. 그의 나이 열여덟 살이었다. 담당한 업무는 광복을 맞을 때까지 조병창에서 물건을 실어 나르는 하역작업이었다. 유만종은 기억도 잘 나지 않고 자랑거리도 아니라서 조병창에서의 경험을 누구에게도 말한 바 없다고 한다. 그러나 땔감과 동전, 두 가지만은 지금까지 기억하고 있었다. 사실, 유만종은 쇠붙이의 종착지에서 그 마지막 운명과 용도를 직접 목격한 귀중한 증인이었던 것이다.

III

인천 부평, 그 후

1
과이불개, 그리고 피해자로 둔갑한 가해자

*과이불개(過而不改) : 잘못을 하고도 고치지 않는다는 의미.

일본 히로시마시에서는 해마다 8월 6일이 되면 원자폭탄에 의해 희생당한 영령들을 추모하는 추모제가 열린다. 인류 역사상 처음으로 실전에서 사용된 원자폭탄으로 무고한 시민들이 고통 속에 목숨을 잃었다. 그 참상을 접한 사람들이 일본 전국에서 그리고 세계 각국에서 희생자를 추모하러 방문한다. 추모행사가 열리는 평화공원에는 단체로 방문한 학생들이 인솔자 설명에 귀 기울이는 모습이나 조형물을 관찰하는 모습, 추모비에 분향하는 모습들로 가득하다. 공원 중앙부에는 무차별적 살상무기에 희생당한 사람들의 참혹한 모습이나 원자폭탄의 위력을 설명하는 야외전시장이 설치되어 있어 또 다른 학습의 장이 되어 있다.

그런데 야외전시장에도 평화공원 내 원폭자료관에도, 그 어느 곳에도 1945년 8월 6일 이전의 모습이 없다. 일본이 아시아와 태평양 일대에서 일으킨 전쟁으로 인해 얼마나 많은 아시아의 무고한 시민들이 목숨을 잃었는지, 1945년 8월 5일까지의 역사가 없다. 오로지 원자폭탄에 희생당한 일본인의 역사만이 기억되고 있었다. 원자폭탄은 일본인으로 하여금 침략전쟁의 기억도 앗아 간 모양이다.

(왼쪽) 평화공원에 운집하여 원폭피해에 대해 학습하는 초등학생들의 모습(2012. 8. 6. 원폭투하 당일 기념).
(오른쪽) 1945년 8월 6일 이전의 침략전쟁이 사라진 채 원폭피해만 설명한 패널전시의 모습

세계유산에 등재된 일명 '원폭 돔'. 피폭당하기 전에는 '산업장려관'이었다.

1996년 일본은 '원폭 돔'을 세계유산으로 등재했다. 인류가 만들어 낸 가장 파괴적인 무기가 가져오는 참상을 기억하고, 핵무기 없는 세상, 세계평화를 기원하는 건물로서 그 가치를 인정받은 것이다. 지당한 생각이다. 원자폭탄 투하는 전쟁이라는 폭력성이 함축된 사건이다. 원폭에 희생

미군기지로 사용될 때 촬영한 다치카와시의 항공사진(1974년 12월 26일): 당초 구 일본육군항공부대(1922년 개설) 및 육군항공공창, 육군항공기술연구소 등의 시설들로 구성되었다.
출처: 일본 국토지리원

1977년 기지 반환 후 촬영한 다치카와시(1989년 10월 18일 촬영): 1983년에 전면 공원으로 조성되어 중앙부의 군 관련 시설은 모두 철거된 것이 확인된다.
출처: 일본 국토지리원

쇼와기념공원 중앙부 잔디광장의 전경

당한 사람들을 추모하는 마음은 전 인류가 똑같을 것이다.

그런데 그 순간 일본은 전쟁의 희생자로 둔갑했다. 히로시마는 전쟁반대, 세계평화를 발신하는 성지가 되었다. 그곳에 아시아·태평양 지역을 피바다로 능욕하던 일본은 없다.

이젠 나서서 가해를 상징하는 '불편한' 시설은 철거하고 피해를 상징할 만한 유적들을 홍보하기 시작했다.

도쿄도(東京都) 다치카와시(立川市)에는 아시아·태평양 전쟁을 진두지휘한 히로히토 천황의 연호를 딴 '쇼와기념공원'이 있다. 구 일본육군항공부대, 육군항공공창, 육군항공기술연구소 등이 있었던 곳이다. 패전 후 미군이 시설을 접수했다가 1977년 기지가 반환되자 전부 철거한 후 공원으로 탈바꿈하였다.

도쿄도 히가시야마토시(東大和市)는 1945년 2~4월에 걸쳐 미 전투기의 기총사격으로 피탄자국이 가득한 히타치(日立)항공기 변전소 건물을 보존

히가시야마토시에 보존되어 있는 히타치 항공기 변전소 건물

출처: 『每日新聞』, 2021. 4. 18.

하기로 결정, 보수작업을 위해 1억 3천만 엔의 예산을 배정했다(『마이니치신문』 2021. 4. 18.). 히타치항공기는 군용기 엔진을 생산하던 곳으로 당시 미군기의 공격으로 111명이 사망했다고 전해진다. 히가시야마토시는 전재건조물(戰災建造物)로서 변전소 건물을 시 지정 문화재로 등록했다.

일본 정부와 지자체가 중심이 되어 가해의 기억을 지우고 피해의 역사를 남기는 풍조는 결국 강제동원의 상징적인 산업시설을 대놓고 유네스코에 등재하는 대담함을 낳았다. 2015년 '메이지(明治)일본의 산업혁명유산 제철·철강, 조선, 석탄 산업'으로 8개 지역의 23개 항목이 세계유산으로 등재되었다. 그중에는 조선인 강제동원의 현장인 하시마(端島)탄광이 포함되었다. 일명 '군함도'로 알려진 하시마탄광의 등재추천은 한국 국민의 공분을 샀다.

이처럼 일본은 산업유산이든 전쟁 유적이든 자신들에게 유리한 방향으로 역사를 재편성하고 있다. 일본의 지방 시민단체, 연구자, 교사들이 지하공장이나 군 시설들을 보존하며 침략전쟁을 교육하고 있지만 일본 정부와 지자체의 기세를 누르기엔 역부족이다.

이런 움직임 속에서 한국은 어떠한가. 일본의 침략전쟁과 한반도 침탈의 역사를 상징하는 시설을 철거하는 일은 일본의 기억 지우기, '역사 왜곡'을 돕는 일이다. 일본의 가해사실 인정, 사죄와 반성, 재발방지 등을 강하게 요구하면서 그 객관적인 증거를 스스로 인멸하는 행위다.

일명 '군함도'로 불리는 미쓰비시 하시마탄광

그런데 인천육군조병창에서도 이와 같은 일이 벌어지려는 상황이다. 조병창 병원이자 본부였던 '1780' 건물이 오염된 토양 정화라는 이유로 철거의 위기에 있다. 그 공간과 시설이 갖는 기억과 역사성이 중할지언대, 오로지 정화 외에는 안중에 없다. 이러다 벼룩 잡겠다고 초가삼간 다 태울 판국이다. 오염 정화도 중요하고 시민의 안전도 중요하다. 그러나 근현대의 역사를 품고 있는 문화재를 단순히 정화를 잣대로 철거 운운하는 사태가 위험하다. 문화재는 보존이 기본이고, 정화가 필요하다면 방법을 고민하면 될 것이다. 우리 역량으로 부족하면 해외 선례를 참고하면 된다. 그것도 모자라면 후대의 기술에 맡기면 된다.

특히 인천육군조병창은 일제침탈의 '문화재'로서 완결성이 뛰어나다. 시설·기록·유물 등이 남아 있기 때문이다. 식민지 조선 병참기지의 상징이기도 하므로 역사적 가치도 크다. 한반도 냉전으로 미군 주둔의 역사도 있다. 일본의 침략전쟁을 곱씹어 보고 평화의 소중함을 이야기하기에 최적이다. 이 정도라면 유네스코 세계유산감이라 해도 손색이 없다. 일본이 원폭 돔을 들어 침략전쟁을 감추고 전쟁의 피해를 강조하는 왜곡된 상황을 바로잡을 수 있는 유적이기도 하다. 따라서 인천육군조병창은 다음과 같은 '불편 유산'의 하나로 세계유산에 등재할 가치가 충만하다.

유네스코 세계유산에 등재된 '불편 유산'들

로벤섬 (1999년 등재)

국가: 남아프리카 공화국　위치: 웨스턴 케이프 주
등재 기준
기준(iii): 로벤섬의 건물들은 이 섬의 어두운 역사를 생생하게 증언한다.
기준(iv): 로벤섬과 감옥은 억압을 이겨 낸 인간 정신, 자유, 민주주의의 승리를 상징한다.

아우슈비츠 비르케나우 (1979년 등재)

국가: 폴란드　　　　위치: 리틀 폴란드(마워폴스카) 주
등재 기준
기준(vi): 이 유적은 유대인 대학살, 인종 차별정책, 인간의 야만성을 전 인류에게 상기시키는 주요 장소이다. 또한 인류 역사의 어두운 한때에 관한 기억이 모여 다음 세대로 전달되는 곳이자, 과격한 사상이나 인간 존엄성 부정이 가져올 수 있는 위협과 비극에 대한 경고의 장이기도 하다.

아프라바시 가트 (2006년 등재)

국가: 모리셔스　　　위치: 포트루이스 지역
등재 기준
기준(vi): 1834년 영국 정부로부터 '대규모 실험장'으로 정해져 최초로 노예 노동계약을 실시한 지역인 아프라바시 가트는 인도로부터 50만 명에 달하는 이주노동자가 건너와 사탕수수 농장에서 일하거나 세계 각지로 흩어진 곳으로 당시의 아픈 역사를 간직한 곳이다.

히로시마 평화 기념관(원폭 돔) (1996년 등재)

국가: 일본　　　　　위치: 히로시마
등재 기준
히로시마 평화 기념관(원폭 돔)은 1945년 8월 6일 히로시마에 원자폭탄이 떨어졌을 때 유일하게 남겨진 건물이다. 히로시마시를 비롯한 많은 사람들의 노력을 통해 폭발 직후의 모습이 온전하게 보존되어 있다. 인류가 만들어 낸 가장 파괴적인 무기가 초래한 참상을 보여 주는 냉혹하면서도 강력한 상징일 뿐만 아니라 핵무기의 궁극적인 폐기와 세계 평화에 대한 인류의 희망을 보여 주는 유산이다.

출처: 유네스코와 유산 홈페이지(https://heritage.unesco.or.kr/)

2
인천육군조병창은 어디에도 없는 유일무이한 전쟁 유적

한국 근현대사의 고난과 질곡을 상징하는 공간, 인천육군조병창은 어디에도 없는 유일무이한 전쟁 유적이다. 특히 다음 네 가지가 구비되어 있어 독보적이다.

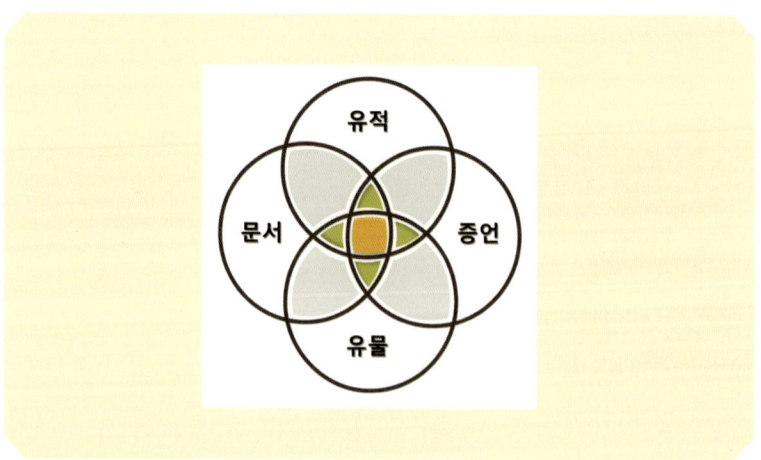

첫째, 현존하는 거의 유일의 전쟁 유적이다.

일제가 건립한 8개 조병창(일본'제국' 내 7개, 만주국 1개) 중 무기공장의 원형이 그대로 남아 있는 세계 유일의 공간이다. 주물공장에서 비롯하여 조립공장, 사령부, 병원, 심지어 지하공장까지 그대로 남아 있다. 그야말로 거대한 박물관이자 살아 있는 역사관이다.

둘째, 관련 문서(사료)가 풍부하다.

이것을 누가 무슨 목적으로 만들었는지, 언제부터 있었는지, 그곳에서 무슨 일을 했는지가 담긴 당시 일본 육군이 작성한 극비문서, 패전 후 연합군총사령부(GHQ)에 제출한 각종 보고서 및 사진 등이 있다. 조사하면 할수록 새로운 사료와 사진자료 등이 발굴된다. 한국 근대사에서 규명하지 못해 왔던 새로운 역사적 사실들이 처음으로 밝혀지고 있다.

셋째, 실제 제작한 유물이 있다.

인천육군조병창에서 직접 제작한 무기를 눈으로 확인할 수 있다. 인천부평역사박물관은 소장하고 있는 조병창의 전쟁 유물을 문화재로 등록하여 관리하고 있으며, 관련 문헌, 사진 자료 등도 다수 소장하고 있다.

넷째, 생존 체험자가 건재하다.

인천육군조병창에 동원되어 무기를 생산했거나, 지하공장 건립을 위해 굴파기 작업에 투입되었거나, 조병창 병원에서 부상당한 나이 어린 조선인 직공들을 돌본 생존 체험자들의 목격담, 경험담이 구술로 남아 있다. 특히 생존 체험자의 구술은 문서(사료)의 단편적인 정보를 보완하여 당시 상황을 정확하게 이해하는 데 절대적으로 기여한다. 생존 체험자 12명의 구술기록이 국사편찬위원회에 남아 있다.

한마디로 인천육군조병창은 일제 강점으로 한반도가 대륙 침략의 병참기지로 침탈당했던 그 수난의 역사를 상징적으로 보여 준다.

그리고 냉전의 현대사를 상징한다.

광복 후 남북분단과 6·25전쟁, 미군 주둔에 이르는 냉전의 현대사를 덧대고 있다. 한반도가 걸어 왔던 고난과 질곡의 역사를 고스란히 담고 있는 상징적인 공간이다.

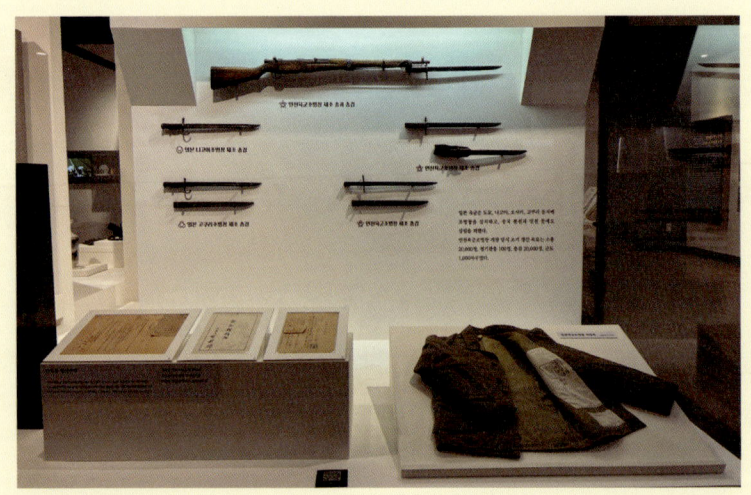

부평역사박물관에 전시 중인 인천육군조병창 제작 병기류. 조병창에서 제작한 군검 등 7건 10점이 2022년에 인천광역시 등록문화재로 지정되었다.

출처: 부평역사박물관

3

사필귀정, 올바른 근대사 정립과 세계평화의 교육현장

　일본이 일으킨 아시아·태평양 전쟁이 탐욕적인 침략전쟁이었음을 사실 그대로 밝히고 교육하는 작업은 무엇보다 중요하다. 더욱이 침략전쟁을 일으킨 당사자가 사실을 부정하거나 호도하는 현 상황에서는 중요하다 못해 간절하다.

　독일 나치가 유럽에서 반인륜적 학살과 잔혹행위를 자행할 때 지구 반대편 아시아에서는 무슨 일이 있었는지, 일제가 저지른 전쟁 범죄에 대해 똑바로 기억하고 교훈으로 삼아야 할 것이다. 이는 일본을 단지 비난하기 위함이 아니다. 잘못을 바로잡아 두 번 다시 같은 일을 되풀이하지 않기 위함이다. 그것이 진정 평화를 위해 우리가 해야 하고, 할 수 있는 일인 것이다.

　인천 조병창은 일본의 침략전쟁을 알리는 주요 증거다. … 인천 조병창이 보존된다면 한일 양국의 다음 세대들이 수학여행 같은 것을 통해 침략 전쟁의 실상을 생생하게 확인하고 공부하는 좋은 계기가 될 것이라고 생각한다. …

전쟁 유적들이 언젠가 우리 모두가 화해(가해와 피해, 사죄와 보상)하는 계기가 될 것이라고 믿기 때문이다. 이를 위해서는 과거 일본이 침략전쟁과 식민지배로 아시아인들에게 치유하기 힘든 고통을 주었다는 것부터 알릴 필요가 있다. 전쟁기억을 고스란히 간직한 장소, 유적, 유물은 결코 잊어서는 안 될 역사를 계속 기억하게 하는 역할을 할 것이다.

일본의 전쟁 유적의 권위자 기쿠치 미노루(菊池 實) 교수가 2021년 10월 『경향신문』 인터뷰에서 한 말이다. 전쟁 유적을 통해 일본이 저지른 침략전쟁의 사실을 기억하고 교훈으로 삼아야 한다는 기쿠치 미노루 교수의 메시지는 울림이 있다.

피해자가 피해를 호소함으로써 가해자가 비로소 가해 사실을 자각한다. 피해 호소를 부끄럽거나 사소한 일로 봐서는 안 된다. 사실을 바로잡는 일이니 정의로운 일이다. 가해자가 피해자로 둔갑한 상황에서는 주저하는 시간조차 아깝다. 일제가 저지른 죄과를 폭로할 수 있는 유적이 부평에 남아 있다.

부평이여, 무얼 망설이는가?

참고문헌

- 국무총리소속 대일항쟁기강제동원피해조사및국외강제동원희생자등지원위원회,『히로시마·나가사키 조선인 원폭피해에 대한 진상조사-강제동원된 조선인 노무자를 중심으로』, 2011.
- ____,『위원회 활동 결과보고서』, 2016.
- 국무총리소속 일제강점하강제동원피해진상규명위원회,『내 몸에 새겨진 8월』, 2008.
- 국사편찬위원회,『일제의 강제동원과 인천육군조병창 사람들』, 2019.
- 김형회·박명식·정혜경,『진실과 거짓 : 일제 무기제조공장 인천육군조병창 병원건물 (1780호) 백서』, 다인아트, 2023.
- 부평문화원,『토굴에서 부평을 찾다』, 2016.
- ____,『장고개길을 따라서』, 2021.
- 부평사편찬위원회,『부평사』(전8권), 2021.
- ____,『한권으로 읽는 부평사』, 2022.
- 부평역사박물관,『부평 산곡동 근로자 주택』(학술총서1), 2015.
- ____,『미쓰비시를 품은 여백, 사택마을 부평삼릉』(학술총서3), 2016.
- 이상의,「아시아태평양전쟁기 일제의 인천조병창 운영과 조선인 학생동원」,『인천학연구』25, 2016.
- 정혜경·허광무·조건·이상호,『반대를 론하다』, 도서출판 선인, 2019.
- 조건,「일제 말기 인천육군조병창의 지하화와 강제동원 피해」,『한국근현대사연구』제98집, 2021.
- 한만송,『캠프마켓』, 봉구네책방, 2013.
- 허광무·오일환·이상의·정혜경·조건,『일제 강제동원 Q&A ①』, 도서출판 선인, 2015.

- 『昭和20年度仁川陸軍造兵廠作業計画』, 1945. 3.
- 東京第一陸軍造兵廠,「陸軍兵器行政本部長隷下部隊長会同状況報告」, 1945. 3. 13.

- 仁川陸軍造幣廠, 『昭和20年3月隷下部隊長会同の際の兵器生産状況報告』, 1945.
- 日本兵器工業会, 『終戦直後の造兵廠現況綴』.
- 宮田節子 編·解説, 『朝鮮軍概要史』, 不二出版社, 1989.

찾아보기

ㄱ

가네가후치방적 101
가라후토(남사할린) 63
가마오름 92
가지마구미 99
간토구미 99
간호장교 117
견습 직공 63
결 7호작전 91
경성공업 56
경성공작 41
경인기업주식회사 50, 52
경인시가지계획 33, 48
경인일여 48
경인일체화 48
고등관 40, 65, 78
고사포진지 92, 94, 96, 97
고스기 구니오 69, 70
고스다 가쓰조 29, 38
고원 40
고쿠라육군조병창 19, 25, 37, 40, 97, 101, 103
공원 40
과이불개 130
관알선 54, 60, 61
국가총동원법 53

국군간호사관학교 117
국사편찬위원회 59, 139
국산자동차공업 41
군수도시 48, 113
군수회사 41
군함도 135
근로보국대 53
금속류회수령(칙령 제835호) 121
기능자 양성공 58
기준 편성 22
기쿠치 미노루 142
기타큐슈시 37
김복진 122
김상현 59, 66, 89
김우식 60, 66
김윤복(마쓰모토 기요시) 122

ㄴ

나가사키시 97
나가야 46
나고야육군조병창 19
남만육군조병창 19
내선융화 62
내지인 54, 63, 66
냉전 140
노사카 아키유키 69

• ㄷ •

다다 공무점 101
다다구미 99
다마모구미 99
다이코 기사부로 28
다치카와시 133
다카마쓰성 101
다카하타 이사오 69
다케나카구미 99
단오놀이 17
대륙 침략 139
대우자동차 52
대일본 부인회 121
대정리 32
도비시마구미 99
도쿄자동차공업 41
도쿄제1육군조병창 19, 20, 70, 71,
   72, 73, 78, 83, 85, 86, 87, 89, 115
도쿄제2육군조병창 19, 20, 70
동유기 헌납 121

• ㅁ •

마리아나 해전 68
만석정 36
만주개척민 58
메이지유신 18
모집 60, 61
미 제24군단 116

미드웨이 해전 68
미쓰비시 제강소 43
미쓰비시중공업 항공기제작소 69
미쓰이 미이케 만다광 61
미쓰이 미이케탄광 60
미쓰코시백화점 101

• ㅂ •

박문여자 중 · 고등학교 115
박홍규 106, 107
반도인 64
배치도 26
병기증산 114
병원 건물 71
병참기지 136
부개산 96
부국강병 18
부평문화원 79
부평연습장 31, 32
부평요업 41
불편 유산 136

• ㅅ •

사가미육군조병창 19
사도광산 77, 83
사필귀정 141
산업혁명 18
삼릉마을 46
「상황보고」 54, 58

새우젓 토굴 81
서일본방송사 108
셋알오름 92
소이탄 68
소화고녀 56
소화고등여학교 116
송악산 92
쇠붙이 공출 120
쇼와기념공원 133
수도식(隧道式) 75
수송잠항정 36
스가 요시히데 108
스미요시 83
시마쓰구미 99
시모노세키전쟁 18
시미즈구미 99
시코쿠신문사 108
실포공장 86, 96
쓰시마 77

· ㅇ ·

아베 신조 108
아야다 세이지 103
애스컴 시티 12
야하타 제철소 37
영단주택 52
오사카섬유공장 41
오사카육군조병창 19
옥매광산 77

와케 다다후미 28
외지인 63
용인 40
우베시 83
원자폭탄 106
원폭 돔 132
유네스코 세계유산 136
유만종 126
유수명부 50
육군 제3보급단 82
육군박물관 124
육군병기창 21
육군병기행정본부 21
육군사관학교 124
육군조병창령 19
이시바시 단잔 108
이타가키 세이시로 29
인간띠 13
인입선 105
인천 계림자선회 122
인천가족공원 96
인천고녀 56
인천공업 56
인천광역시립박물관 124
인천병원 112
인천부 경정(京町) 120
인천성모병원 116
인천시가지계획 48
인천중학 56

일제침탈사 바로알기 25 · **147**

일본고주파중공업 41
일본군 제20사단 31
일본군'위안부' 53
일시동인 62
일출봉 92
임시공장 89
임시군인군속계 50

• ㅈ •

장교클럽 119
전등사 124
전약(塡藥) 77
전쟁 유적 138
정신대 동원 112
제24군수지원사령부 116
제로센 69
조공부대 95
조병창 마크 35
조병창 병원 110
조선공창 30, 32, 37
조선국산자동차 41
조선기계제작소 36
조선시가지계획령 48
조선주택영단 50
조세이탄광 83
주물공장 125
줄사택 46
지금(地金) 77
지영례 110

지하공장 55
진주만 68
진척 상황 71
징병제 58
징용 54, 60, 61, 62, 76, 127

• ㅊ •

천막 농성 13
촉탁 40

• ㅋ •

캠프 그랜트 11
캠프 마켓 11
캠프 애덤스 11
캠프 타일러 11
캠프 테일러 11
캠프 해리슨 11
캠프 헤이스 11

• ㅌ •

토요집회 14
토지반환 14
통상수호 18

• ㅍ •

판임관 40
평양제조소 25
평화공원 130

풍선폭탄 37
피야(pier) 83

• ㅎ •

하시마탄광 134, 135
하이쿠 69
하자마구미 99
하타 슌로쿠 38
학도동원 56, 61
한국베어링 52
한미 연합토지관리계획 12
함봉산 78
화랑농장 81
화포 124
황민화 66
후타바야마 83

흑선사건 18
히가시야마토시 133
히라이 다로 101
히라이 다쿠야 108
히라이 흥업 101
히로나카 료이치 43
히로나카 상공 43
히타치항공기 133

1780(장교클럽) 118
1억 옥쇄 91
382위수병원 117
6·25전쟁 140
88정비부대 46
99식 소총 35
APO 901 11

일제침탈사 바로알기 25
부평 조선 병참의 별이 되다

초판 1쇄 발행   2023년 12월 20일

지은이   허광무
펴낸이   이영호
펴낸곳   동북아역사재단

등 록   제312-2004-050호(2004년 10월 18일)
주 소   서울시 서대문구 통일로 81 NH농협생명빌딩
전 화   02-2012-6065
홈페이지   www.nahf.or.kr
제작·인쇄   (주)동국문화

ISBN   979-11-7161-028-0 (04910)
　　　　978-89-6187-482-3 (세트)

- 이 책은 저작권법으로 보호를 받는 저작물이므로 어떤 형태나 어떤 방법으로도 무단전제와 무단복제를 금합니다.
- 책값은 뒤표지에 있습니다. 잘못된 책은 바꾸어 드립니다.